Doppel-Klick 7 R Mittelschule Bayern

Arbeitsheft Deutsch 7

Lösungen

AF216456

Seite 4

2 b. *Diese Stichworte könntest du aufgeschrieben haben:*
Luchs, Katzenart, Pinselohren, Junge, rotbraunes Fell

Seite 5

3 b. *Diese Stichworte könntest du aufgeschrieben haben:*
der Luchs, bedrohte Tierart, sein Aussehen und seine Lebensweise.

5 *Diesen Satz könntest du aufgeschrieben haben:*
In dem Text geht es um den Luchs, sein Aussehen und die Eigenschaften, die ihn zu einem guten Jäger machen, sowie seine Verbreitung, seine Beutetiere und die Aufzucht der Jungen.

Seite 6

6 b.
Absatz 1: Das Gehör
Absatz 2: Der Körperbau
Absatz 3: Das Aussehen

c. *Diese Zwischenüberschriften könntest du aufgeschrieben haben:*
Absatz 4: Die Beutetiere
Absatz 5: Die Jungtiere

Seite 7

8 *Diese Schlüsselwörter könntest du notiert haben:*
Absatz 1: Ohren, gut, Jäger
Absatz 2: Deutschland, Raubtiere, Familie der Katzen, Körperlänge von 80 bis 110 Zentimetern, Schulterhöhe von über 50 Zentimetern, 70 Kilometer in der Stunde, scharfen Krallen, breiten Pfoten, Winter erfolgreich jagen
Absatz 3: Pinselohren, Backenbart, kurze Schwanz, Fell rötlich braun, Augen goldgelb
Absatz 4: nachts jagen, Kaninchen, Rotfüchse, junge Wildschweine, Murmeltiere, Mäuse, Eichhörnchen, am liebsten Rehe, „Riss"
Absatz 5: paaren sich zwischen Februar und April, Tragzeit von rund 70 Tagen, ein halbes Jahr Jungen gesäugt, nach einem Jahr eigenes Revier, können 15 Jahre alt werden

9 *Diese Erklärung könntest du aufgeschrieben haben:*
Der Backenbart ist die Behaarung an den Wangen.

10 *Diese Erklärung könntest du aufgeschrieben haben:*
Dämmerung nennt man die Übergangszeit zwischen Tag und Nacht vor Tagesanfang oder nach Tagesende.

Seite 8

12 *Diese Sätze könntest du aufgeschrieben haben:*
- Die Ohren des Luchses sehen pinselähnlich aus und sind besonders gut.
- Der Luchs gehört zur Familie der Katzen.
- Anhand von Rissen, Fährten und Sichtungen kann man das Vorkommen von Luchsen feststellen.
- Nach einer Tragzeit von rund 70 Tagen kommen zwei bis vier Junge zur Welt. Sie werden maximal ein halbes Jahr lang gesäugt, fressen aber schon nach vier Wochen an der Beute mit. Nach einem Jahr suchen sich die Jungtiere ein eigenes Revier.

13 *So könnte deine Lösung aussehen:*
Verbreitung: Europa, Deutschland
Besonderheiten: sehr gutes Gehör, bis zu 70 Kilometer pro Stunde schnell, scharfe Krallen, breite Pfoten (kann im Winter jagen), Pinselohren, Backenbart, Augen goldgelb, jagt nachts
Fortpflanzung: Paarung Februar bis April, Tragzeit ca. 70 Tage, Jungtiere werden ein halbes Jahr gesäugt, bleiben ein Jahr bei der Mutter
Beutetiere: Rehe, Kaninchen, Rotfüchse, junge Wildschweine, Murmeltiere, Mäuse, Eichhörnchen

Seite 9

14 b. Die Grafik informiert über die Situation heimischer Tierarten in Bayern im Hinblick auf ihre Gefährdung.

15 b. *Diese Antwort hast du sicher angekreuzt:*
die Gefährdung der Säugetierarten in Bayern im Jahr 2017

16 verschollen: für längere Zeit abwesend und nicht auffindbar, für verloren gehalten oder als tot betrachtet

17 – 2017
– 7
– Die Vorwarnliste nennt die Säugetierarten, die noch ungefährdet sind, bei denen sich aber in den nächsten 10 Jahren eine Gefährdung entwickeln könnte.

18 *zum Beispiel:*
Wie viele Säugetierarten sind ungefährdet?
41 Säugetierarten sind ungefährdet.

220001549

19 Die Grafik informiert über die Situation heimischer Tierarten in Bayern im Hinblick auf ihre Gefährdung. Mehr als 25 Säugetierarten sind gefährdet oder bereits ausgestorben/verschollen.

Seite 11

3 *Vergleiche deine Antworten mit der Tabelle. Hake ab ✓, wenn du das Kreuz richtig gesetzt und die Spalte „Zeile/Grafik" richtig ausgefüllt hast.*

Aussagen zum Text und zur Grafik	richtig: r falsch: f	Zeile/ Grafik	✓
1.	f	G	
2.	f	Z. 6	
3.	f	Z. 9	
4.	f	Z. 11–12	
5.	r	Z. 14–15	
6.	f	Z. 15–16	
7.	r	Z. 16–17	
8.	f	Z. 18	
9.	r	Z. 22–23	
10.	f	Z. 25–26	
11.	r	Z. 27–29	
12.	f	Z. 29–30	
13.	r	Z. 31–32	
14.	r	Z. 33	
15.	f	Z. 36	

Auswertung:
12–15 Haken: Super!
  7–11 Haken: Du kannst noch besser werden. Übe weiter.
  0–6 Haken: Übe weiter. Versuche es dann noch einmal.

Seite 12

1 b. *Diesen Satz könntest du aufgeschrieben haben:*
Der Sachtext informiert vermutlich über die Geschichte des Schwimmens.

Seite 14

3 a.
Absatz 1: Goethes Schwimmerlebnis
Absatz 2: Das abergläubische Mittelalter
Absatz 3: Schwimmen in der Steinzeit
Absatz 4: Das Schwimmen bei den Griechen
Absatz 5: Die Römer und das Schwimmen
Absatz 6: Hilfsmittel zum Schwimmen
Absatz 7: Das Schwimmen wird zur Sportart
Absatz 8: Die Sorge der Schwimmmeister

b. *Diese Schlüsselwörter könntest du markiert haben:*
Absatz 1: Bergsee, Schweiz, Goethe, Splitterfasernackt, Sommer 1775
Absatz 2: in freier Natur zu baden, Sünde, Aberglaube, Priester predigten seit dem Mittelalter, brauchten nicht schwimmen zu lernen, Irrglauben
Absatz 3: Steinzeitmenschen, Höhlenzeichnungen, Schwimmtechnik, von Tieren abgeguckt
Absatz 4: alten Griechen, Wasser hatte magische Eigenschaften, Insel Lefkada, Klippe
Absatz 5: Römer, Badeanstalten, Armee, in Kampfausrüstung
Absatz 6: römischen Bademeister, Hilfsmittel, Schwimmring, Kork, selbst gebauten Korkring, Goethe, Schwimmen beigebracht
Absatz 7: Schwimmen, in Mode, Ende des 18. Jahrhunderts, Dichter zum Vorbild, Wasserfreude, In Großbritannien ersten Schwimmvereine, Seebäder
Absatz 8: heute, jedes fünfte Kind in Deutschland nicht schwimmen, Ferienschwimmkurs

4 Steinzeitmenschen (Absatz 3, Zeile 16),
Mittelalter (Absatz 2, Zeile 11),
alte Griechen (Absatz 4, Zeile 19),
Römer (Absatz 5, Zeile 27),
heute (Absatz 8, Zeile 50),
Ende des 18. Jahrhunderts (Absatz 7, Zeile 44)

5 *Die Zeitangaben hast du sicher in dieser Reihenfolge in die Zeitleiste eingeordnet:*
oben: Steinzeitmenschen, alte Griechen, Mittelalter, Ende des 18. Jahrhunderts, heute
unten: Römer

6 *Diese Erklärung könntest du aufgeschrieben haben:*
der Legionär: ein Soldat einer römischen Heereseinheit, der Legion

7 *Diese Erklärungen könntest du aufgeschrieben haben:*
– hausen (Zeile 10): in schlechten Wohnverhältnissen leben
– der Patient (Zeile 45): ein Kranker, der sich beim Arzt behandeln lässt
– der Kork (Zeile 36): Material aus der Rinde der Korkeiche

Seite 15

9 *Diese Sätze könntest du aufgeschrieben haben:*
– Ihre Schwimmtechnik hatten sich die Steinzeitmenschen von den Tieren abgeschaut.
– Die Priester predigten den Menschen, sie bräuchten nicht schwimmen zu lernen. Gott halte sie im Notfall über Wasser, sie müssten nur fest genug daran glauben.
– Die Römer lernten mit Hilfe eines Schwimmrings aus Kork schwimmen.

11 *So könnte deine Lösung aussehen:*
Steinzeit: Höhlenzeichnungen, Schwimmtechnik:
von den Tieren abgeguckt
Griechen: Wasser hat magische Eigenschaften,
Klippe: Insel Lefkada
Römer: Badeanstalten, Schwimmen lernen
in der Armee, in Kampfausrüstung
Mittelalter: in freier Natur baden: Sünde, Aberglaube,
Priester: Gott hält Menschen im Notfall über Wasser
18. Jahrhundert: Goethe bringt sich Schwimmen
selbst bei, wird Vorbild, Schwimmen kommt in Mode,
Schwimmvereine, Seebäder
heute: jedes fünfte Kind in Deutschland kann nicht
schwimmen, Ferienschwimmkurs

Seite 16

1 *Diese Schreibziele hast du sicher aufgeschrieben:*
- Der Text soll sich an die Schülerinnen und Schüler
  richten, die die Schülerzeitung lesen.
- Mein Ziel ist es, sie über die Geschichte
  des Schwimmens zu informieren.

2 *Diese Antworten hast du sicher angekreuzt:*
Ich schreibe in einfachen, klaren Sätzen.
Ich verwende Fachbegriffe, die wichtig sind.
Ich lasse Unwichtiges weg und schreibe sachlich.

Seite 18

2 *Diesen Satz könntest du aufgeschrieben haben:*
In dem Artikel geht es um die Frage, ob die Schule
morgens später anfangen soll.

Seite 19

3 Die Schule soll später beginnen: Zirndorfer Schüler,
die Experten
Die Schule soll so früh beginnen wie bisher:
Fürther Schüler, die Eltern

4 b. und c.

Behauptung	Begründung
Die Schüler wünschen sich morgens mehr Zeit.	Sie wollen nicht abgehetzt und zu spät zur Schule kommen.
Viele Schüler haben oft Kopfweh.	Sie hatten zu wenig Schlaf.
Die Schulleistungen werden besser.	Die Jugendlichen sind ausgeschlafen.

5 b. und c.

Behauptung	Begründung
Die Schüler wollen nachmittags früh nach Hause.	Sonst fehlt die Zeit für Hausaufgaben, Hobbys und Freunde.
Den Eltern ist wichtig, dass alle Familienmitglieder morgens gemeinsam aus dem Haus gehen.	Nur so können sie kontrollieren, ob ihr Kind wirklich zur Schule geht.
Die Kinder sollen sich an das frühe Aufstehen gewöhnen.	Sie können sich später im Job die Arbeitszeit auch nicht aussuchen.

Seite 23

2 b. *So hast du die Materialien und Arbeitsmittel sicher notiert:*
Striegel, Wurzelbürste, Kardätsche, Hufauskratzer,
Schwamm, Kamm

3 b. *So hast du die Arbeitsschritte sicher nummeriert:*
- ⑤ Kopf mit der Kardätsche bürsten
- ② Hals und Körper striegeln
- ① Pferd an der Putzstelle festbinden
- ④ Fell mit der Kardätsche bürsten
- ③ Beine mit der Wurzelbürste säubern
- ⑦ Hufe auskratzen
- ⑧ Mähne und Schweif kämmen
- ⑥ Augen und Nüstern mit dem Schwamm waschen

4 *So hast du die Arbeitsschritte sicher notiert:*
1: Pferd an der Putzstelle festbinden
2: Hals und Körper striegeln
3: Beine mit der Wurzelbürste säubern
4: Fell mit der Kardätsche bürsten
5: Kopf mit der Kardätsche bürsten
6: Augen und Nüstern mit dem Schwamm waschen
7: Hufe auskratzen
8: Mähne und Schweif kämmen

Seite 24

5 ④ Dadurch wird der Staub entfernt und das Fell wird
zum Glänzen gebracht.
⑦ So wird verhindert, dass spitze Steine
in den Ballen eingetreten werden und Schmerzen
verursachen.
⑥ Damit werden diese empfindlichen Bereiche
am Kopf nicht verletzt.

6 *Diese Erklärung könntest du aufgeschrieben haben:*
Das Pferd muss man an der Putzstelle festbinden,
damit es ruhig stehen bleibt.

8 Ein Pferd putzen

Seite 25

1, 2, 3 und ● 4

So könnte deine Beschreibung aussehen:

Ein Pferd putzen

Man braucht dazu einen Striegel, eine Wurzelbürste, eine Kardätsche, einen Hufauskratzer, einen Schwamm und einen Kamm.

Zuerst bindet man das Pferd an der Putzstelle fest, damit es ruhig stehen bleibt. Dann striegelt man den Hals und den Körper. Anschließend säubert man die Beine mit der Wurzelbürste. Daraufhin bürstet man das Fell mit der Kardätsche. Dadurch wird der Staub entfernt und das Fell wird zum Glänzen gebracht. Jetzt bürstet man auch den Kopf mit der Kardätsche. Danach wäscht man die Augen und Nüstern mit dem Schwamm, damit diese empfindlichen Bereiche am Kopf nicht verletzt werden. Schließlich kratzt man die Hufe aus. So wird verhindert, dass spitze Steine in den Ballen eingetreten werden und Schmerzen verursachen. Zum Schluss kämmt man die Mähne und den Schweif.

Seite 26 bis 27

1 bis 5 *So könnte dein überarbeiteter Text aussehen:*

Wie man einen Liebesbrief mit einem QR-Code verschlüsselt

Wenn man einen Liebesbrief im Würfelmuster eines QR-Codes verstecken möchte, braucht man einen kurzen, liebevollen Text und ein Handy oder einen PC mit Internetanschluss.

Zuerst gibt man im Internet bei einer Suchmaschine die Begriffe „QR-Code erzeugen" ein. Man erhält viele Internetadressen, bei denen man kostenlos selbst einen QR-Code erzeugen kann.

Sobald man einen passenden Link öffnet, erscheint schon ein Feld, in das man einen Text eintragen kann. Anschließend klickt man den Button für die automatische Erzeugung des QR-Codes. Sofort erscheint auf dem Bildschirm das gemusterte Quadrat mit den verschlüsselten Informationen. Dann speichert man das Quadrat so in einem Ordner, dass man es später wiederfindet.

Zum Schluss verschickt man den QR-Code im Anhang einer E-Mail oder druckt ihn aus. Man kann ihn auch direkt dem oder der Liebsten auf dem Handy zeigen.

Seite 28

⊙ **2** *Diese Wörter könntest du markiert haben:*

Baggerfahrer, merkwürdig aussehender Sack, Geldscheine, 100.000 Mark, Polizei, Ermittlungen

Seite 33

3 *Diesen Satz hast du sicher angekreuzt:*

Die Hauptfigur heißt Robert. Er ist neu in der Klasse. Er hat noch keinen Freund.

4 *Diesen Satz hast du sicher angekreuzt:*

Robert möchte mit Simone befreundet sein. Simone lacht oft.

5 Robert möchte mit Frank nicht befreundet sein, weil er ein Angeber ist. (Z. 7 bis 9)

Robert möchte mit Simone befreundet sein, weil sie oft lacht. Das gefällt Robert so gut an ihr. (Z. 5 bis 6)

6 *Diese Antwort hast du sicher angekreuzt:*

Er bietet Simone ein Bonbon an.

Seite 34

7 Frank kommt zurück, als Simone ein *Bonbon* nehmen will.

Von unten *schlägt* er gegen die Dose.

Alle Kinder *lachen*, auch *Simone*.

Die Bonbons liegen auf dem *Schulhof*.

8 *Diese Stichworte könntest du aufgeschrieben haben:*

Wut (Z. 27); Wunsch, die Tränen zu unterdrücken (Z. 28); Scham (Z. 29)

10 *Diesen Satz hast du sicher angekreuzt:*

Simone sagt Frank, dass sie ihn doof findet. Das hört Robert nicht. Er ist schon weggegangen.

Seite 35

⊙ **1** *Diese Antworten hast du sicher angekreuzt:*

Simone interessiert sich nicht für Frank. Simone findet Frank doof, weil er andere ärgert.

3 b. *Diesen Satz könntest du aufgeschrieben haben:*

Zuerst lacht Simone mit den anderen. Aber dann sagt sie Frank ehrlich, dass sie sein Verhalten doof findet.

c. *Diese Wörter/Wortgruppen könntest du aufgeschrieben haben:*

wütend, empört, hat Mitleid

Seite 36

1 b. *Diesen Satz könntest du aufgeschrieben haben:*

Ich vermute, dass es um einen Busfahrer geht.

3 *Diese Antwort hast du sicher angekreuzt:*

Die Hauptfigur ist der Busfahrer. Er hat in der Kurzgeschichte keinen Namen.

4 Wo befindet sich die Hauptfigur? in einem Bus.

Was tut die Hauptfigur? Sie fährt den Bus.

5 *Diesen Satz könntest du aufgeschrieben haben:*

Er wünscht sich, dass er sich traut, sie anzusprechen.

6 Wer ist die Figur? eine Frau, die regelmäßig mit dem Bus fährt

Warum ist sie wichtig? Für den Busfahrer ist die Zeit mit der Frau die schönste Zeit am Tag.

4

7 b. Busfahrer bei der Arbeit, freut sich auf die nächste Station, wo junge Frau einsteigen wird

c. *Diese Stichworte könntest du aufgeschrieben haben:* Busfahrer morgens aufgestanden, fast verschlafen, nach dem Frühstück mit dem Fahrrad zur Arbeit gefahren, unterwegs am Kiosk Zeitung gekauft für Mittagspause

8 Busfahrer bei der Arbeit, fährt jeden Tag gleiche Strecke, eine Frau immer Fahrgast, freut sich auf sie, hätte sie gerne angesprochen, aber wagte es nicht

9 immer, meistens, im Winter, im Sommer, wieder wie sonst, sehr vertraut

10 Der Busfahrer ist enttäuscht, weil er sieht, wie die Frau von einem anderen Mann geküsst wird.

11 Die Kurzgeschichte hat ein überraschendes Ende, weil die Frau diesmal das Einsteigen verpasst, weil ein anderer Mann sie küsst.
Die Kurzgeschichte hat ein offenes Ende, weil man nicht weiß, was als Nächstes passiert oder wie der nächste Tag aussieht.

2 *zum Beispiel:*
Hätte ich sie doch längst angesprochen! Warum habe ich es immer aufgeschoben? Jetzt ist es zu spät.

3 *zum Beispiel:*
der Busfahrer erzählt: seit Langem täglich eine Frau im Bus, die ich gerne ansprechen würde, habe mich aber nie getraut, heute habe ich sie mit einem anderen Mann gesehen, jetzt habe ich keine Chance mehr
der Freund rät: sprich sie doch trotzdem an, sag irgendwas Nettes und warte einfach ab, wie sie reagiert

5 *zum Beispiel:*
☒ Der Fahrgast fährt immer mit dem Bus.

6 *zum Beispiel:*
a. eine alte Dame, fährt mit dem Bus zum Einkaufen

b. fährt fast jeden Tag mit dem gleichen Bus, sitzt, wenn möglich, immer ganz vorne, Fahrgäste meistens die gleichen, alle grüßen sie höflich, Busfahrer zwinkert ihr beim Einsteigen immer zu

c. die Frau ahnt, dass der Busfahrer sich freut, beobachtet schon lange, wie sich das Gesicht des Busfahrers aufhellt, sobald die Frau mit Pelzmantel einsteigt

d. alte Dame sehr romantisch, findet, dass Busfahrer und junge Frau schönes Paar wären, wünscht sich, dass Busfahrer Mut zusammennimmt und Frau anspricht

e. Dame beobachtet die Szene an der Haltestelle, ist enttäuscht, möchte Busfahrer trösten und Frau ansprechen

2 *Diesen Satz könntest du aufgeschrieben haben:* Jarno möchte bei der Gestaltung der Einladung mitarbeiten.

3 b.
Sommerferien   Schülerinnen   großartige
Gelegenheit   wichtige   erledigen
kommenden   Natürlich   mitarbeiten
witzige

5 b. und c.
gehören, (der) Fernseher, (die) Rehe, blühen, ruhig, gehen, (die) Schuhe, stehen, glühen, nähen, (die) Zehen

6 zwei Silben: die Pause, der Freitag, das Motto, sogar, Letztes, die Reise, Früher, der Partner
drei Silben: Insgesamt, besonders, spannende, die Höhenangst
vier Silben: angeboten, der Hindernislauf

2 *Diese Textstelle hast du sicher markiert:* wie sie das alles schaffen sollen

3 a. und b.
Nomen: die Tage – der Tag
die Erfolge – der Erfolg
die Hunde – der Hund
Verben: fragen – fragt
beruhigen – beruhigt
erlauben – erlaubt

c. Tag, fragt, beruhigt, Erfolg, Hund, erlaubt

5 *Diese Textstelle hast du sicher markiert:* die Dekoration

6 die spannenden Spiele – spannend, die kräftigen Farben – kräftig, die gelben Lose – gelb, der neugierige Jarno – neugierig, die liebe Schwester – lieb, die wilde Musik – wild

8 das Abend*d*brot   die Abende   das Abendbrot
der Fahrra*d*helm   die Fahrräder   der Fahrradhelm

die Zugbegleiterin   die Züge   die Zugbegleiterin
die Verbform   die Verben   die Verbform
die Bergluft   die Berge   die Bergluft
der Korbsessel   die Körbe   der Korbsessel

Seite 44

2 *Diese Textstelle hast du sicher markiert:*
mit seiner Mitschülerin Mara

3 unterhält – unterhalten, den Gästen – der Gast,
läuft – laufen, die Mäuse – die Maus

5 *Diese Textstelle hast du sicher markiert:*
Am besten hat mir die Musik und das Tanzen gefallen.

6 lächelt, säubern, Äpfel, schälen, Hände, Aufräumen,
Gebäude, träumt

Seite 45

1 b. vortragen, vertragen, ertragen, eintragen

2 Ich kann das nicht aushalten. – Ich kann das nicht
ertragen.
Wir verstehen uns gut. – Wir vertragen uns gut.
Ich will euch etwas laut vorlesen. – Ich will euch
etwas vortragen.
Du musst deinen Namen hier aufschreiben. –
Du musst dich hier eintragen.

3 Mit seinen Geschwistern *verträgt* er sich selten gut.
Im Reitstall müssen sich die Jugendlichen
in eine Liste *eintragen*.
Wie *erträgst* du nur diesen Lärm?

Seite 46

2 Lea packt aufgeregt ihre Tasche, denn sie weiß noch
nicht, wohin sie fahren.

3 der Geburtstag, der Sommermonat,
der Fahrradausflug, der Badesee, die Mittagszeit,
die Picknickdecke, die Wassermelone,
der Lieblingskuchen

4 das Frühstücksbrett
der Liebesbrief
die Unterrichtsstunde

Seite 47

2 a. und b.
die Achtklässler (Tipp 2), Pia (Tipp 1), Lisa (Tipp 1),
Vlado (Tipp 1), das Praktikum (Tipp 4),
die Kundinnen (Tipp 2), die Kunden (Tipp 2),
die Höflichkeit (Tipp 5), der Traumberuf (Tipp 4),
die Bewegung (Tipp 5), die Post (Tipp 2),
die Mappen (Tipp 3), die Beine (Tipp 4)

Seite 48

3 beim Frisör, im Gespräch, vom Fußballtraining,
im Büro

4 viele Informationen

5 Lisa (Tipp 1), Praktikum (Tipp 4),
Seniorenheim (Tipp 2),
Aufmerksamkeit (Tipp 5), Bewohner (Tipp 7),
Unterstützung (Tipp 5), Pflegekraft (Tipp 2),
Beispiel (Tipp 6), Anziehen (Tipp 6),
Frühstück (Tipp 2), Verteilen (Tipp 6),
Betreuerin (Tipp 4), Bewohnerinnen (Tipp 7),
Gemeinschaftsraum (Tipp 2), Begleitung (Tipp 5),
Aufgabe (Tipp 3),
Weg (Tipp 3)

Seite 49

1 Das Schreien im Seniorenheim ist verboten.
Das Befolgen der Anweisungen der Pfleger ist wichtig.
Die Missachtung der Sicherheitsvorschriften ist
gefährlich.

2 *Diese Wortgruppen könntest du aufgeschrieben haben:*
etwas Gutes, nicht Gutes, alles Gute
etwas Buntes, nichts Buntes, alles Bunte
etwas Gesundes, nichts Gesundes, alles Gesunde

3 Mein Opa *Walter* arbeitete in einem Bergwerk
im *Bayerischen Wald*.
In seiner Freizeit ging er oft zum Bergsteigen und
kletterte auf den *Großen Arber*.
Meine Großmutter arbeitete beim *Roten Kreuz*.

Seite 50

3 a. und b.
Radio hören, Zeitung lesen, Feuer machen,
Frieden schließen, Krieg führen, Müll trennen,
Basketball spielen, Rollstuhl fahren

2 Bei einem Basketballturnier können die Spieler
viel *Spaß haben*.
Jeder weiß aber, dass es die Mannschaft auch
Kraft kostet.
Ein starker Gegner kann den Spielern zudem
Angst machen.
Doch ein gelungener Wurf lässt die Mannschaft
wieder *Hoffnung schöpfen*.
Auch das Publikum kann den Spielern *Mut machen*.
Vor allem der Trainer muss der Mannschaft
Selbstvertrauen geben.

Seite 51

1 b. und c.
dir, wir, das Kilo, der Liter, die Vitamine,
die Margarine, die Maschinen, das Benzin

3 der Widerstand = die Abwehrhaltung
widersprechen = etwas dagegen sagen
widerstehen = einem Wunsch nicht nachgeben
widerwillig = ungern
erwidern = antworten

Seite 52

2 in Nordamerika, Mittelamerika und Südamerika

3 Leguane gehören zu den Reptilien. Diese Kriechtiere kommen in Nordamerika, Mittelamerika und Südamerika vor. Die meisten Arten leben auf dem Erdboden. Dort schlafen, jagen oder fressen sie. Es gibt aber auch Arten, die auf hohen Bäumen, kargen Felsen oder im kalten Meer leben.

4 Leguane sehen sehr beeindruckend aus. Ihre Haut besteht aus Schuppen. Viele sind gelb, blau, orange oder pink gefärbt. Zur Verteidigung können sie mit dem Schwanz schlagen, drohend fauchen und heftig mit dem Kopf nicken. Einige Männchen haben außerdem auffällige Kämme, große Kehllappen oder spitze Schwanzstacheln. Diese Merkmale sollen Gegner einschüchtern.

5 siehe Lösungen zu den Aufgaben **3** und **4**

6 Leguane leben auf dem Erdboden, auf Bäumen, auf Felsen oder am Meer.
Ihre Nahrung besteht aus Insekten, wirbellosen Tieren, Pflanzen und Algen.

Seite 53

2 *Diese Textstelle hast du sicher markiert:*
User nennt man einen Menschen, der Mitglied in einem sozialen Netzwerk ist.

3 und **4**
User nennt man einen Menschen, der Mitglied in einem sozialen Netzwerk ist. Jeder User gestaltet für sich eine Seite, die er ins Netz stellt. Man erstellt ein Profil, das möglichst viel über einen aussagt.
Es gibt mehrere soziale Netzwerke, die für Schüler kostenlos sind.
Ayla erzählt von ihrem Netzwerk: „Ich kann jedem User schreiben, der mich interessiert.
Auf meiner Seite gibt es eine Pinnwand, die Veröffentlichungen von anderen enthält.
Ich habe ein Profilbild, das nicht zu persönlich ist.
Mein Netzwerk besteht aus Seiten, die von den Usern gestaltet werden."

5 Gib niemandem Informationen, die persönlich sind.
In jedem sozialen Netzwerk gibt es Regeln, die dich schützen.
Sei misstrauisch bei Nachfragen, die persönliche Angaben von dir verlangen.
Verwende nur ein Foto, das dich nicht blamiert.

Seite 54

2 *Diese Textstelle hast du sicher markiert:*
Er hat zwei Wecker gestellt.

3 Heute beginnt Jantos Praktikum im Kindergarten. Er hat zwei Wecker gestellt, um sich nicht zu verspäten. Im Kindergarten wartet schon die Leiterin, um Janto zu begrüßen. Sie zeigt ihm zuerst alle Räume und Gruppen. Danach sitzt Janto allein im Büro.
Er spitzt die Ohren. Er hört Geräusche vor der Tür.

4 Die Leiterin kommt, um Janto zu holen.
Im Flur haben sich die Kindergartenkinder aufgestellt, um ein Willkommenslied für ihn zu singen.

5 siehe Lösungen zu den Aufgaben **3** und **4**

6 Janto kniet sich hin, um dem Jungen die Nase zu putzen.
Ein Kind nimmt Jantos Hand, um ihn in die Autoecke zu ziehen.
Die Kinder decken den Tisch, um mit Janto zu frühstücken.
Emil und Esra malen Bilder, um sie Janto zu schenken.

Seite 55

1 Yasemin sagt: „Ich finde mein Netzwerk gut, weil ich dort nachmittags meine Freunde treffe."
„Wäre es nicht schöner, die Freunde persönlich zu treffen?", fragt Mika.
Kasia entgegnet: „Ich hätte Angst, dort von Fremden belästigt zu werden."
„Achte darauf, welche Informationen du von dir preisgibst", rät Nico.

2 Laura sagt: „Das größte Problem an Netzwerken ist das Mobbing!"
„Ich hätte Angst davor, im Internet beleidigt zu werden", sagt Caro.
Tim überlegt: „Ich wüsste gar nicht, was ich in so einem Fall tun sollte."
„Ich denke, man sollte sich einem Erwachsenen anvertrauen", rät Amed.

Seite 56

2 *Diese Textstellen hast du sicher markiert:*
Museum, neue Ausstellung

3 friedlich, gefährlich, norwegisch, riesig, mühsam, ergiebig, wichtig

4 ärgerlich, ängstlich, endlich, gewaltig, giftig, salzig

5 diebisch, neidisch, schweigsam, sparsam, sorgsam, stürmisch, telefonisch, wachsam

6

Verb mit -ieren	Nomen mit -tion
organisieren	die Organisation
vibrieren	die Vibration
addieren	die Addition
produzieren	die Produktion
subtrahieren	die Subtraktion
argumentieren	die Argumentation
multiplizieren	die Multiplikation

7 die Organisation: eine Gruppe von Menschen,
die ein gemeinsames Ziel oder eine Aufgabe haben
die Vibration: Schwingung, feine Erschütterung
die Addition: das Zusammenzählen/Plusrechnen
die Produktion: das Herstellen von etwas
die Subtraktion: das Abziehen/Minusrechnen
die Argumentation: Gründe zum Beweis oder
zur Rechtfertigung darlegen
die Multiplikation: das Malnehmen

8 Hauptsatz   Nebensatz
Diese Tiere lebten, als es auf der Erde noch
keine Menschen gab.
Weil der Fundort in Norwegen so ergiebig ist,
werden die Ausgrabungen fortgesetzt.

9 Als es auf der Erde noch keine Menschen gab,
lebten diese Tiere.
Die Ausgrabungen werden fortgesetzt,
weil der Fundort in Norwegen so ergiebig ist.

2 „Kein Grund zur Sorge, Corinna. Sei einfach du
selbst!"

3

Nomen mit -ung	Nomen mit -heit	Nomen mit -keit
die Wohnung	die Gelegenheit	die Müdigkeit
die Verspätung	die Gewohnheit	die Schwierigkeit

4 die Freiheit, die Rettung, die Großzügigkeit,
die Erholung, die Gesundheit, die Ängstlichkeit,
die Krankheit, die Sauberkeit

5 Alle hatten mitgeholfen und waren zu spät schlafen
gegangen.
Corinna gähnte noch einmal und ging ins Bad.

7 Die Mutter wusste aber, dass sie Corinna wecken
musste.

2 *Diese Textstelle hast du sicher markiert:*
Dann können sich Mädchen über Berufe informieren,
die oft als typische Berufe für Männer gelten.

3 Jahr, Feuerwehr, führte, ihre, Erfahrungen,
ungewöhnlichen, Jugendfeuerwehr, zehn

4 ähnlich, die Bahn, berühmt, erzählen, fühlen, ihnen,
das Jahr, mehr, nehmen, sehr, ungefährlich,
der Verkehr, wählen, während, die Wahrheit

5 *Diese Wörter könntest du aufgeschrieben haben:*
ähnlich – die Ähnlichkeit
erzählen – die Erzählung
das Jahr – jährlich
nehmen – die Vernehmung
während – fortwährend

6

Wort mit ä/äu	verwandtes Wort mit a/au
die Männer	der Mann
die Krankenhäuser	das Krankenhaus
die Schläuche	der Schlauch
täglich	der Tag
ängstlich	die Angst

7 Se-ni-o-ren-heim, un-ter-hielt, be-glei-ten,
Es-sen, Prak-ti-kum

1 *So hast du die Sätze sicher ergänzt:*
Viele Wörter schreiben wir so, wie wir sie sprechen
und hören. Diese Wörter sind *Mitsprechwörter.*
Bei manchen Wörtern hörst du nicht, wie du sie
schreiben musst. Rechtschreibhilfen helfen dir,
diese *Nachdenkwörter* richtig zu schreiben.
Merkwörter sind Wörter, deren Schreibweise du
nicht durch Strategien oder Regeln herleiten kannst.

3 Gewürze (Gliedern); schonend (Verlängern);
Gäste (Ableiten); vielzähligen (Ableiten);
läuft (Ableiten); Abend (Verlängern);
hektischer (Gliedern); Betrieb (Verlängern);
Geduld (Verlängern); Gelassenheit (Wortbaustein);
wichtige (Gliedern); Eigenschaft (Wortbaustein)

4 und **5**
*Diese Nomen hast du sicher unterstrichen und
aufgeschrieben:*
Nomen mit Artikel: ein Praktikum,
einem Umweltverein, die Pflanzenwelt,
den Zuckerahorn, eine Baumart, eine Flüssigkeit,
den Löwenzahn

Nomen mit Adjektiv: verschiedenen Pflanzen, die zarten Blüten, einen kleinen Setzling
Nomen mit Pronomen: seine Schirmchen, sein Samen, ihr Wissen
Nomen mit -heit, -keit oder -ung: der Kindheit, mit Begeisterung
Nomen mit Präposition, die mit einem Artikel verschmolzen ist: im Garten, ins Erdreich, beim Verein, zum Beispiel
Nomen mit Zahlwort: etwas Geld
Nominalisiertes Verb: das Einpflanzen
Nominalisiertes Adjektiv: Neues

6 Niklas ist sehr zufrieden mit seinem Zeugnis, weil er viele gute Noten hat. Dafür ist er vor allem seinem Freund Erkan dankbar, der mit ihm gelernt hat. Niklas ist froh, dass er Erkan in diesem Schuljahr kennen gelernt hat. Die beiden trafen sich regelmäßig und lernten dann immer eine Stunde lang für Mathematik, Englisch oder Deutsch. Danach gingen sie noch zum Fußballplatz, um sich auszutoben.

Auswertung:
55–72 Haken: Super!
37–54 Haken: Du kannst noch besser werden. Übe weiter.
  0–36 Haken: Übe weiter. Versuche es dann noch einmal.

Seite 64

1 c. *Diese Wörter hast du sicher zugeordnet:*
Nomen: Mitschüler, Jan, Freund, Pause, Timo, Typ, Sachen, Beispiel, Trommelgruppe, Stadtfest, Rhythmus, Trommel, Körper
Artikel: der, ein, dem, den
Pronomen: er, keinen, ihm, seiner, sie, ihrer, seinem
Verben: ist, hat, kam, findet, macht, tritt auf, hat gesehen, konnte, fühlen, wird fragen, mitmachen kann
Adjektive: neue, einsam, allein, cooler, interessante, toll
Präpositionen: in, zu, mit, auf

2 *Diese Wortart könntest du ergänzt haben:*
Konjunktion: und, weil, ob

Seite 65

2

	der	das	die
Nominativ	der Junge	das Handy	die Lehrerin
Genitiv	des Jungen	des Handys	der Lehrerin
Dativ	dem Jungen	dem Handy	der Lehrerin
Akkusativ	den Jungen	das Handy	die Lehrerin

3 seinem Mitschüler: Wem hat er den Ohrhörer gegeben? (Dativ)
den Ohrhörer: Wen oder was hat er seinem Mitschüler gegeben? (Akkusativ)
die Musik: Wer oder was hat ihn begeistert? (Nominativ)
der Trommelgruppe: Von wessen Auftritt hat er ihm erzählt? (Genitiv)

Seite 66

2 unser Abend, ihre Laune, seine Stimme, mein Bruder, seine Band, dein Bruder, ihr Auftritt, sein Gesang, euer Gekreische

3 Hallo Alex, jetzt ist *unsere/meine* Zeit hier schon fast vorbei. *Unser/Mein* Klassenlehrer ist ziemlich nett. Gestern haben wir einen Filmabend gemacht. Nick hatte *seine* Filme dabei. Heute Morgen dachte Luisa, sie hätte *ihr* Handy verloren. Zum Glück hatte es aber nur *ihr* Freund eingepackt. Vielen Dank noch mal für *deine* Taschenlampe.
Ich freue mich auf *unser* Wiedersehen. Dein Janik

Seite 67

2 Dieses oder jenes gefällt mir nicht in meinem Zimmer. Ich könnte vielleicht ein Poster an diese Wand hängen – oder doch lieber an jene Wand? Soll ich diesen Rapper auswählen oder besser jenen Spieler, der das Tor im Endspiel geschossen hat? Diese Entscheidungen fallen mir wirklich schwer.

3 *So könntest du die Sätze ergänzt haben:*
Sie sang ihren Hit. Mit *diesem* Lied hatte sie *jenen* Wettbewerb gewonnen, der in ganz Europa ausgestrahlt wurde.
Jenen Tag heute vergesse ich genauso wenig wie *diesen* Tag, als mein Fahrrad geklaut wurde – *jenes* Fahrrad, das ich erst kurz zuvor zum Geburtstag bekommen hatte.

4 *So könntest du die Sätze ergänzt haben:*
Die Aufgaben, bei denen ich gestern noch Fehler gemacht habe, habe ich nun verstanden.
Leider ist jenes T-Shirt, das ich am liebsten trage, gerade in der Wäsche.
Dieser Weg am Bach entlang ist genauso weit wie jener durch das Wohngebiet.

Seite 68

2 *Diese Adjektive hast du sicher unterstrichen:*
fröhliches, konzentriert, leise, sympathisch, weich, unglücklich

3 *Diese Sätze könntest du aufgeschrieben haben:*
Die neue Tischnachbarin wirkt auf Kira fröhlich und sympathisch. Gleichzeitig wirkt sie aber auch unglücklich.

4 fröhlich – traurig
konzentriert – unkonzentriert
lang – kurz
leise – laut
sympathisch – unsympathisch
klein – groß
alt – neu
weich – hart
unglücklich – glücklich
wichtig – unwichtig

5 Gestern bekam Kira in der Schule
eine Tischnachbarin. Sie hieß Lilli und hatte
ein trauriges Gesicht. Im Unterricht war Lilli sehr
unkonzentriert. Und in der kurzen Pause antwortete
sie auf Kiras Fragen. Ihre laute Stimme fand Kira
sehr unsympathisch. Lilli erzählte vom Umzug
in die große Stadt und von dem neuen Haus,
in dem sie jetzt wohnten.
„Vermisst du deine Freunde?", fragte Kira. Lillis
Gesicht wurde hart. „Ich bin glücklich, weil ich sie
nicht mehr sehe! Sie waren unwichtig für mich."

6 *Diese Sätze könntest du aufgeschrieben haben:*
Ich finde Kira seltsam. Besonders ihre Stimme wirkt
auf mich abstoßend. Außerdem scheint sie mir sehr
kühl zu sein.

Seite 69

2 *Diese Sätze könntest du aufgeschrieben haben:*
Chiara ist laut, Sarah ist lauter, Alex ist am lautesten.
Jenni ist nett, Sofie ist netter, Marc ist am nettesten.
Pascal ist witzig, Carolin ist witziger, Elena ist
am witzigsten.
Matteo ist stark, Tobi ist stärker, Tarik ist
am stärksten.

3 *Diese Sätze könntest du aufgeschrieben haben:*
Jasmin ist sportlicher als Juri.
Sarah ist lauter als Chiara.
Sofie ist netter als Jenni.
Carolin ist witziger als Pascal.
Tobi ist stärker als Matteo.

4 Platz 3 (Bronze) ist gut, Platz 2 (Silber) ist *besser*,
Platz 1 (Gold) ist *am besten*.

Seite 70

2

	der	das	die
Nominativ	ein netter Typ	ein tolles Aussehen	eine besondere Größe
Dativ	einem engen Freund	einem ernsten Gespräch	einer echten Freundschaft
Akkusativ	einen schlechten Charakter	ein hübsches Gesicht	eine gute Meinung

3 *Diese Sätze könntest du aufgeschrieben haben:*
Ich stelle mir *einen netten Typen*
mit *einem guten Charakter* vor.
Die Größe ist für mich nicht so wichtig.

Seite 71

2 und **3**

	der	das	die
Nominativ	mein kleiner Bruder	mein strahlendes Lächeln	meine strenge Tante
Dativ	meinem scharfen Verstand	meinem freundlichen Gemüt	meiner großen Familie
Akkusativ	meinen tollen Humor	mein neues Fahrrad	meine gute Laune

	der	das	die
Nominativ	ihr kleiner Bruder	ihr strahlendes Lächeln	ihre große Offenheit
Dativ	ihrem scharfen Verstand	ihrem freundlichen Gemüt	ihrer großen Familie
Akkusativ	ihren tollen Humor	ihr neues Fahrrad	ihre gute Laune

4 Vor allem mag ich seinen tollen Humor.
Ganz besonders gefällt mir sein strahlendes Lächeln.
Seine große Offenheit macht ihn überall beliebt.
Und seinem scharfen Verstand entgeht nichts:
Als jemand mein neues Fahrrad beschädigte,
fand er heraus, wer es war. Tom gefällt
auch meiner großen Familie sehr gut.
Sogar mein kleiner Bruder hat ihn gern.
Und meine strenge Tante findet seine gute Laune
ansteckend.

Seite 72

2 Nominativ: Wer trainiert für den Sponsorenlauf?
die Schülerinnen und Schüler
Genitiv: Wessen Einnahmen sind
für einen guten Zweck bestimmt? des Laufs
Dativ: Wem zahlen die Sponsoren pro Runde
einen Euro? den Schülern
Akkusativ: Wen oder was wollen deshalb alle
möglichst schaffen? viele Runden

3 *Diese Possessivpronomen hast du sicher eingesetzt:*
Paula sucht *ihre* Sporttasche.
Auch *ihren* Sponsorenvertrag findet sie nicht.
Paulas Bruder ruft: „*Dein* Vertrag liegt
auf *deinem/meinem* Schreibtisch.
Außerdem kannst du *meine* Sporttasche ausleihen."

4 *Diese Demonstrativpronomen hast du sicher eingesetzt:*
Diese/Jene/Die Sporttasche gefällt mir besser als *jene/diese/die*.
Das/Dies liegt an den schönen Farben. Wem *die* wohl gehört?

5 *Diese Sätze könntest du aufgeschrieben haben:*
Sporttasche 1 ist groß, Sporttasche 2 ist größer, Sporttasche 3 ist am größten.
Lineal 1 ist lang, Lineal 2 ist länger, Lineal 3 ist am längsten.
Portfolio 1 ist dick, Portfolio 2 ist dicker, Portfolio 3 ist am dicksten.

Auswertung:
17–22 Haken: Super!
11–16 Haken: Du kannst noch besser werden. Übe weiter.
 0–10 Haken: Übe weiter. Versuche es dann noch einmal.

Seite 73

1 Endlich hatte Felix Till gefunden. *Plusquamperfekt*
Ich fand euer Spiel super! *Präteritum*
Interessierst du dich für unseren Verein? *Präsens*
Hast du schon einmal Fußball gespielt? *Perfekt*
Du wirst sicher bald zu unserer Mannschaft gehören. *Futur*

2 „Ich spiele gern Fußball. Am liebsten stehe ich im Tor. Dort bin ich richtig gut. Sogar einen Elfmeter halte ich hin und wieder ab."

3 „Das *hört* sich gut *an*. Wir *brauchen* einen Torwart. Unser Trainer *schaut* sich dein Können gern *an*."

4 Ich freundete mich mit Till an. Am nächsten Tag nahm er mich mit zu seiner Mannschaft und ich verstand mich sofort mit allen. Der Trainer spielte mir ein paar Bälle zu und ich schoss sie problemlos zurück.

5 Von nun an *ging* ich jeden Donnerstag zum Training. In der Mannschaft *fand* ich viele Freunde. Samstags *spielten* wir oft ein Turnier.

Seite 74

6 „Ich habe mich mit Till angefreundet. Am nächsten Tag hat er mich mit zu seiner Mannschaft genommen und ich habe mich sofort mit allen verstanden. Der Trainer hat mir ein paar Bälle zugespielt und ich habe sie problemlos zurückgeschossen."

7 *Diese Sätze könntest du aufgeschrieben haben:*
Am letzten Wochenende haben wir den Pokal gewonnen.
In der letzten Minute hat Till ein Tor geschossen.

8 Felix hatte sich Freunde gewünscht.
Nachmittags war er oft zum Bolzplatz gegangen.
Aber dort war er allein herumgesessen.
Seine Eltern hatten davon nichts bemerkt.

9 Felix *hatte* sich einsam *gefühlt*.
Er *war* auch nicht gern zur Schule *gegangen*.
In der Pause *hatte* er niemanden zum Reden *gehabt*.

10 Ich werde morgen nach der Schule auf Lisa warten.
Auf dem Weg zur Bushaltestelle werde ich sie ansprechen. Vielleicht werden wir im Bus nebeneinander sitzen. Dann werde ich sie zu einem Eis einladen.

11 Lisa *wird* sich bestimmt *freuen*.
Wir *werden* viel Spaß zusammen *haben*.
Bald *werde* ich sie auch zu meinen Freunden *mitnehmen*.

Seite 75

2 Der AG-Leiter macht den Schülerinnen und Schülern Mut: „Bis zum Auftritt werden wir das Stück gut einstudiert haben.
Ihr werdet das nötige Vertrauen in eure Fähigkeiten gefunden haben.
Jeder von euch wird seine Rolle auswendig gelernt haben. Das Bühnenbild wird toll gestaltet sein.
Wir werden alles gut organisiert haben."

3 Caspar wird als Erster aufgetreten sein.
Frederic und Kathi werden in der Pause Getränke verkauft haben.
Die Aufführung wird die Zuschauer begeistert haben.
Eine Mitschülerin wird sich beim AG-Leiter bedankt haben.
Die Schülerinnen und Schüler werden zufrieden nach Hause gegangen sein.
Die Anspannung wird von ihnen abgefallen sein.

Seite 76

2 Nach dem spannenden Fußballspiel konnte ich mit zwei begeisterten Zuschauern sprechen. Mara sagte, dass Ronni die Mannschaft gerettet habe. Er habe nämlich ein unglaubliches Siegertor geschossen. Ronni habe sogar den starken Stürmer der Gegenmannschaft ausgetrickst. Von Ergün erfuhr ich, dass Ronni echtes Talent bewiesen habe. Das habe der Trainer vorher gar nicht erkannt.

3 und **4** a.
„Ich sah den Angriff des Stürmers.
Da verwickelte ich ihn in einen Zweikampf.
Dann stand ich frei und schoss.

Ronnis Aussagen	Joeys Wiedergabe im Konjunktiv I mit haben
ich sah	Ronni habe gesehen
ich verwickelte	er habe verwickelt
ich stand frei und schoss	er habe frei gestanden und geschossen

4 b. Ronni erzählte, er habe den Angriff des Stürmers gesehen. Da habe er ihn in einen Zweikampf verwickelt. Dann habe er frei gestanden und aufs Tor geschossen.

Seite 77

5 und 6 a.
„Du bist heute zu großer Form aufgelaufen.
Bei deinem Tor bin ich vor Freude in die Luft gesprungen.
Jetzt ist mir erst aufgefallen, wie gut du spielst!"

Aussagen des Trainers	Ronnis Wiedergabe im Konjunktiv I mit sein
du bist aufgelaufen	ich sei aufgelaufen
ich bin gesprungen	er sei gesprungen
mir ist aufgefallen	ihm sei aufgefallen

6 b. „Der Trainer sagt, ich sei heute zu großer Form aufgelaufen. Bei meinem Tor sei er vor Freude in die Luft gesprungen. Jetzt sei ihm erst aufgefallen, wie gut ich spiele."

8 Anna sagte, ihre Mannschaft *habe* den Sieg schon fast in der Tasche *gehabt*. Aber dann *habe* Ronni das entscheidende Tor *geschossen*. Robert meinte, er *sei* aber auch sehr schnell *gerannt*. Anna erzählte, ihr Nico *sei* einfach nicht *mitgekommen*.

Seite 78

1 *Dieses Lösungswort hast du sicher ermittelt:*
Papier

Seite 79

2 er wird eingesammelt und getrocknet, er wird gespült, sie werden gewonnen, sie werden gekocht, sie wird verteilt, er wird gestellt, es wird abgezogen und verarbeitet

3 Aus Tiermist *werden* Papierbogen *gemacht*.
Der Rohstoff für 100 Bogen Papier *wird* täglich von nur einem Elefanten *geliefert*.
Das Besondere dabei: Jeder Papierbogen *wird* einzeln mit der Hand *gefertigt*.

4 *Diese Sätze könntest du aufgeschrieben haben:*
Das Papier wird an die Touristen verkauft.
Die Masse wird mit Naturfarben gefärbt.
Die fertigen Produkte werden bis nach Deutschland verkauft.

Seite 80

2

Präsens	Infinitiv
ist	sein
steht fest	feststehen
sitzt	sitzen
Präteritum	**Infinitiv**
kannten	kennen
holte	holen
wurde geboren	geboren werden
Perfekt	**Infinitiv**
hat gegeben	geben
hat erreicht	erreichen
Plusquamperfekt	**Infinitiv**
war gewesen	sein
Futur	**Infinitiv**
wird schießen	schießen
wird eingehen	eingehen

3 In Deutschland hat es einige herausragende Fußballer gegeben.
In Deutschland gab es einige herausragende Fußballer.
In Deutschland hatte es einige herausragende Fußballer gegeben.
In Deutschland wird es einige herausragende Fußballer geben.

Auswertung:
15–19 Haken: Super!
10–14 Haken: Du kannst noch besser werden. Übe weiter.
0–9 Haken: Übe weiter. Versuche es dann noch einmal.

Seite 81

1 *So hast du den Satz sicher ergänzt:*
Das Passiv bildet man mit dem Hilfsverb *werden*.

2 Bei einem Lagerfeuer *wird* die Feuerstelle nach bestimmten Regeln *eingerichtet*. Die Feuerstelle *wird* am besten mit Steinen *eingerahmt*. Holzstücke und andere brennbare Materialien *werden gesammelt*. Sorgfältig *wird* das Brennmaterial in der Feuerstelle *aufgeschichtet*.

Bei dickerem Holz *werden* am besten nur
sehr trockene Stücke *verwendet*. In einem Lagerfeuer
wird kein Müll *verbrannt*.

3 *So hast du den Satz sicher ergänzt:*
Bei der indirekten Rede verwendet man
den *Konjunktiv I.*

4 Nick sagte, das Lagerfeuer *sei* bald *erloschen*.
Ronja erwiderte, Tom *habe* schon Holz *gesucht*.
Nick bemerkte, die Parallelklasse *sei* gerade
angekommen. Ronja antwortete, ihre Fahrt *habe*
aber lange *gedauert*.

5 Tom rief, er habe viel Holz gefunden.
Ronja sagte, sie sei schon fast erfroren.

Auswertung:
21–26 Haken: Super!
14–20 Haken: Du kannst noch besser werden.
                 Übe weiter.
  0–13 Haken: Übe weiter. Versuche es dann noch
                 einmal.

Seite 82

⊙ **2** mit der Straßenbahn fahren, bei einem Freund feiern,
von dem Jungen bekommen, nach dem Fest lächeln,
zu der Haltestelle begleiten

3 Juri möchte pünktlich *bei dem Konzert* sein.
Im Bus erzählt er seiner Sitznachbarin *von der Band*.
Sie lacht, denn sie will auch *zu dem Konzert*.
Juri steigt zusammen mit dem Mädchen *aus dem Bus*.
Sie verabredet sich mit ihm *nach der Veranstaltung*.

● **4** *Diese Sätze könntest du aufgeschrieben haben:*
Die Mädchen wollen sich mit den Jungen treffen.
Dafür müssen sie mit dem Bus fahren.
Ich möchte dir von einer Verabredung erzählen.
Wollen wir nach dem Kino telefonieren?
Wir können schon zu der Haltestelle gehen.
Vor Freude werden wir bei der Heimfahrt singen.

Seite 83

⊙ **2** für einen Freund suchen, durch die Stadt gehen,
um die Ecke biegen, gegen die CD sprechen

3 Nina verpackt das Geschenk *für die Party*.
Auf der Feier klopft Erkan *gegen die Verpackung*.
Dass es eine CD ist, erkennt er *durch die Form*.
Leider hat er die CD schon. Aber im Laden bekommt
er einen Gutschein im Austausch *gegen die CD*.
Das funktioniert allerdings nicht *ohne den Kassenbon*.

● **4** *Diese Sätze könntest du aufgeschrieben haben:*
Suse will für ihren Freund singen.
Micha wird durch sein Zimmer tanzen.
Paul kann ohne sein Geschenk kommen.

Seite 84

2 a. Wer plant drei spannende Projekte? die Klasse 7 c
Wer schlägt ein Zirkusprojekt vor? Dorina
Wer wartet aufgeregt auf das Interview
mit einem Zauberer? sie
Wer plant einen Ausflug in den Stadtwald?
die Waldprojekt-Gruppe
Wer gehört zur Gruppe Krimiwerkstatt? Timo und Sina
Wer ruft bei einer Polizeidienststelle an? die Gruppe

b. siehe unten bei **3** b.

3 a. Was tut die Klasse 7 c? Sie plant.
Was tut Dorina? Sie schlägt vor.
Was tut sie? Sie wartet.
Was tut die Waldprojekt-Gruppe? Sie plant.
Was tun Timo und Sina? Sie gehören
zur Gruppe Krimiwerkstatt.
Was tut die Gruppe? Sie ruft an.

b. [Die Klasse 7 c] (plant) drei spannende Projekte.
[Dorina] (schlägt) ein Zirkusprojekt (vor). [Sie] (wartet)
aufgeregt auf das Interview mit einem Zauberer.
[Die Waldprojekt-Gruppe] (plant) einen Ausflug
in den Stadtwald. [Timo und Sina] (gehören)
zur Gruppe Krimiwerkstatt.
[Die Gruppe] (ruft) bei einer Polizeidienststelle (an).

Seite 85

5 a.
1. Was zeigte der Clown den Schülerinnen und
Schülern? den Zirkus
Wem zeigte ein Clown den Zirkus?
den Schülerinnen und Schülern
2. Wen oder was besichtigten sie auch?
einen Wohnwagen
3. Wem begegneten sie dort? dem Zauberer
4. Wem zeigte der Zauberer einige Tricks?
den Besuchern
Wen oder was zeigte der Zauberer den Besuchern?
einige Tricks
5. Wem erklärte der Zauberer ein paar tolle Tricks
genauer? ihnen
Wen oder was erklärte der Zauberer ihnen
genauer? ein paar tolle Tricks
6. Wessen bediente er sich dabei?
seines Zauberstabes
7. Wem sahen alle aufmerksam zu? ihm
8. Wem gefiel das junge Publikum gut?
dem Zauberer

b. Dativobjekt, Genitivobjekt, Akkusativobjekt

1. Ein Clown zeigte den Schülerinnen und Schülern
den Zirkus.

2. Sie besichtigten auch einen Wohnwagen.

3. Dort begegneten sie dem Zauberer.

4. Der Zauberer zeigte <u>den Besuchern</u> <u>einige Tricks</u>.

5. Der Zauberer erklärte <u>ihnen</u> <u>ein paar tolle Tricks</u> genauer.

6. Er bediente sich dabei <u>seines Zauberstabes</u>.

7. Alle sahen <u>ihm</u> aufmerksam zu.

8. Das junge Publikum gefiel <u>dem Zauberer</u> gut.

6 *So hast du die Sätze sicher aufgeschrieben:*
1. Den Zirkus zeigte ein Clown den Schülerinnen und Schülern.
2. Einen Wohnwagen besichtigten sie auch.
4. Einige Tricks zeigte der Zauberer den Besuchern.
5. Ein paar tolle Tricks erklärte der Zauberer ihnen genauer.
7. Ihm sahen alle aufmerksam zu.
8. Dem Zauberer gefiel das junge Publikum gut.

7 *Diese Sätze könntest du aufgeschrieben haben:*

| Die Schüler | stellen | der Lehrerin | eine Frage |.

| Die Schautafeln | liefern | der Klasse |

| viele Informationen |.

| Der Förster | zeigt | den Besuchern | den Wald |.

Seite 86

1 Wann trifft sich die Projektgruppe Krimiwerkstatt?
zur gleichen Zeit
Wo trifft sich die Projektgruppe Krimiwerkstatt?
in einer Bibliothek
Wo stellt die Bibliothekarin ihnen die neuesten Krimis vor? im Leseraum
Wie lange dauert die Buchvorstellung? zwei Stunden
Wann wollen die Schülerinnen und Schüler noch einen echten Kommissar kennen lernen? danach
Wann sind sie mit ihm verabredet? um 13:00 Uhr
Wo sind sie um 13:00 Uhr mit ihm verabredet?
in der Dienststelle
Wann kann sich die Gruppe deshalb erst mit ihm treffen? am nächsten Tag

Seite 87

2 Warum treffen sich die einzelnen Gruppen?
zur Auswertung
Wie stellen die Gruppensprecher die Ergebnisse vor?
ausführlich
Wie hören die anderen Gruppenmitglieder zu?
aufmerksam
Warum dauert die Auswertung lange?
wegen der vielen Aktionen in dieser Woche
Wie bleiben alle Schülerinnen und Schüler bei der Sache? motiviert
Warum erzählt jemand noch von einem lustigen Zwischenfall?
auf Grund des großen Interesses
Wie verkündet die Lehrerin das Ende der Projektwoche? zufrieden

3 b. adverbiale Bestimmung des Ortes
adverbiale Bestimmung der Zeit
Die Schülerinnen und Schüler gehen nach Hause.
Alle haben in den letzten Tagen viel geforscht.
Nächstes Jahr soll die Projektwoche wieder stattfinden.
Sina und Zerdest denken sich nachmittags schon neue Projektideen aus.

Seite 88

1 b. Was freut alle Schülerinnen und Schüler?
Dass die Projektwoche wiederholt wird.
Was motiviert sie? Dass jeder Ideen für neue Projekte einbringen kann.
Was ärgert Gustav? Dass sein Vorschlag keine Zustimmung findet.

c. | Dass die Projektwoche wiederholt wird |,

freut alle Schülerinnen und Schüler.

| Dass jeder Ideen für neue Projekte einbringen kann |,

motiviert sie.

Gustav ärgert,

| dass sein Vorschlag keine Zustimmung findet |.

2 b. Was hofft Tom? Dass es ein Projekt zum Thema Mittelalter gibt.
Was wünscht sich Annika?
Dass dann mittelalterliche Speisen gekocht werden.
Was verkündet Ebrar? Dass sie wieder Gruppensprecherin werden möchte.

c. Tom hofft,

| dass es ein Projekt zum Thema Mittelalter gibt |.

Annika wünscht sich,

| dass dann mittelalterliche Speisen gekocht werden |.

Ebrar verkündet,

| dass sie wieder Gruppensprecherin werden möchte |.

3 Subjektsatz   Objektsatz
Die Schülerinnen und Schüler erfahren,
dass ein Umweltprojekt geplant ist.
Die Lehrerin sagt, dass sie beim Naturschutzbund nach Informationen gefragt hat.
Dass sie noch keine Antwort erhalten hat, wundert sie aber.

Seite 89

1 b. bis d.

Nach der Projektwoche (sammeln)

| die Schülerinnen und Schüler | neue Ideen |.

„Vielleicht (besuchen) | wir | auch mal

| ein Abenteuer-Camp |?"

14

Die Lehrerin (findet) die Idee prima.

Sie (bittet) Timo, zu recherchieren.

Sina (hilft) ihm dabei. Die beiden (entdecken)

im Internet ein tolles Abenteuer-Camp.

Timo (zeigt) es der Lehrerin.

Er (will) noch weiter recherchieren. Sinas Hilfe (ist)

er sich dabei sicher.

e. Akkusativobjekt: neue Ideen, ein Abenteuer-Camp,
die Idee, Timo, ein tolles Abenteuer-Camp, es
Dativobjekt: ihm, der Lehrerin
Genitivobjekt: Sinas Hilfe

2 b. Timo und Sina gehen in ein Reisebüro. Dort finden
sie interessante Prospekte über Abenteuer-Camps.
Die beiden sind wegen der großen Auswahl
begeistert. Nach einer halben Stunde nehmen sie
einen ganzen Stapel Prospekte mit.
Zu Hause arbeiten sie das Material zwei Stunden lang
gründlich durch.
Am nächsten Tag wollen sie der Klasse ausführlich
von den Camps berichten.

c. adverbiale Bestimmung des Ortes:
in ein Reisebüro, Dort, Zu Hause
adverbiale Bestimmung der Zeit: Nach einer halben
Stunde, zwei Stunden lang, Am nächsten Tag
adverbiale Bestimmung des Grundes:
wegen der großen Auswahl
adverbiale Bestimmung der Art und Weise:
gründlich, ausführlich

3 Sina und Timo hoffen,
dass sie die Klasse begeistern können. [O]

Dass sie sich gut informiert haben,
gefällt den Mitschülern. [S]

Auswertung:
43–56 Haken: Super!
28–42 Haken: Du kannst noch besser werden.
Übe weiter.
0–27 Haken: Übe weiter. Versuche es dann noch
einmal.

Seite 90

⊙ **1** Klaus ruft in der Schlosserei an, |aber| er will nicht

persönlich vorsprechen.

Sonja schlägt den Friseursalon vor, |denn| sie kennt

den Chef persönlich.

2 Sophia will Sonja begleiten, |denn| sie möchte

Friseurin werden.

Hektor will in eine Gärtnerei, |aber| er interessiert

sich auch für eine Baumschule.

● **3** Chiara interessiert sich nicht für große Firmen,

|sondern| sie sucht einen kleinen Betrieb.

Marlene freut sich, |denn| sie hat die Zusage

einer Kfz-Werkstatt erhalten.

Umut hat keine Idee, |aber| er könnte im Betrieb

seines Vaters nachfragen.

Seite 91

⊙ **1** Ich möchte gern eine Tischlerei besuchen,

|weil| ich mich für die Arbeit mit Holz interessiere.

2 Ich möchte einen Bootsbauer besuchen,

|weil| ich handwerklich geschickt bin.

Wir schlagen das Kurhotel vor,

|weil| uns der Bäderbereich interessiert.

Ich wünsche mir einen Besuch der Molkerei,

|weil| ich dort das Labor spannend finde.

● **3** *Diese Sätze könntest du aufgeschrieben haben:*
Nuria ist gegen eine Betriebserkundung,
weil die meisten Betriebe zu weit weg sind.
Nuria ist gegen eine Betriebserkundung,
weil sie sowieso Schornsteinfegerin werden will.

Seite 92

⊙ **1** Wir erkunden einen Betrieb, |wenn| wir uns auf ein
Ziel einigen.

2 |Wenn| der Betrieb in unserer Nähe ist, können wir ihn

leicht erreichen.

|Wenn| wir die Vorschläge sortieren, bekommen wir

einen besseren Überblick.

|Wenn| wir uns frühzeitig melden, sind die Termine

noch nicht ausgebucht.

|Wenn| die Klasse 8 a zustimmt, befragen wir sie

zu ihren Erfahrungen.

3 *Zwei der Sätze hast du sicher so aufgeschrieben:*

Wir können ihn leicht erreichen,
|wenn| der Betrieb in unserer Nähe ist.

Wir bekommen einen besseren Überblick,
|wenn| wir die Vorschläge sortieren.

Die Termine sind noch nicht ausgebucht,
|wenn| wir uns frühzeitig melden.

Wir befragen sie zu ihren Erfahrungen,
|wenn| die Klasse 8 a zustimmt.

● **4** *Diese Sätze könntest du aufgeschrieben haben:*
Die Betriebserkundung findet statt,

wenn ein passender Betrieb gefunden ist.

Wenn die Jugendlichen den Betrieb besuchen,

lernen sie verschiedene Berufe kennen.

Seite 93

1 Es ist wichtig, dass man handwerklich genau
arbeitet.

Ihr seht hier, dass wir Brunnen und Treppen
herstellen.

Es freut mich, dass ihr viel Interesse
an diesem Beruf habt.

Viele wissen nicht, dass der Beruf zu den ältesten
der Welt gehört.

● **2** Ich habe gelernt, dass die Ausbildung drei Jahre

dauert.

Es gefällt mir, dass ein Steinmetz mit Maschinen und

mit der Hand arbeitet.

Ich freue mich darüber, dass ich selbst

einen kleinen Stein bearbeiten durfte.

Ich bin überrascht, dass dieser alte Beruf

so unbekannt ist.

Seite 94

1 *So hast du die Nummern sicher eingetragen:*
Bild links: 2 (oben), 1 (Mitte), 3 (unten)
Bild rechts: 5 (oben), 4 (Mitte), 6 (unten)

2 *Diese Sätze könntest du aufgeschrieben haben:*
Ilonka gehört der Laptop, der weiß ist.
Ilonka gehört die CD-Box, die grün ist.
Alex gehört das Headset, das weiß ist.
Ilonka gehört das Headset, das blau ist.
Alex gehört der Laptop, der schwarz ist.
Alex gehört die CD-Box, die gelb ist.

● **3** *Diese Sätze könntest du aufgeschrieben haben:*
Mike will sein Handy ausprobieren, das ganz neu ist.
Er schreibt eine Kurznachricht an seinen Freund,
der sein bester Kumpel ist.

Seite 95

1 Die Betriebserkundung muss verschoben werden,
denn der Meister ist krank.
Der Chef unterbricht seinen Vortrag, denn Irem will
eine Frage stellen.

2 Der Meister stimmt zu, wenn ich in der Werkstatt
ein Praktikum machen will.
Ich möchte Friseurin werden,
weil die Betriebserkundung mir gut gefallen hat.

3 Der Klassenlehrer freut sich, dass die Klasse sich
vorbildlich verhält.
Der Klassenlehrer bedankt sich, dass der Meister
alles gut erklärt hat.

4 Ich räume die Regale ein, die bis zur Decke reichen.
Es gibt ein Ordnungssystem, das kompliziert ist.

Auswertung:
14–18 Haken: Super!
 9–13 Haken: Du kannst noch besser werden.
        Übe weiter.
 0–8 Haken: Übe weiter. Versuche es dann noch
        einmal.

Doppel-Klick

Arbeitsheft Deutsch 7 R

Mittelschule Bayern

Schreiben
Mit Texten umgehen
Rechtschreiben
Grammatik

Erarbeitet von
Susanne Bonora (Scheßlitz),
Sylvelin Leipold (Burgebrach),
Petra Maier-Hundhammer (München),
Heike Potyra (Zirndorf)

 Deine interaktiven Übungen findest du hier:

1. Gib den unten stehenden Zugangscode in die Box ein.
2. Hab viel Spaß mit deinen interaktiven Übungen.

Dein Zugangscode auf
go.cornelsen.de

Die Nutzungsdauer für die Online-Übungen beträgt nach Aktivierung des Zugangscodes zwei Jahre. In dieser Zeit speichern wir deine Lernstandsdaten für dich; nach Ablauf der Nutzungsdauer werden sie gelöscht.

2345-96-9v84

Die Mediencodes enthalten zusätzliche Unterrichtsmaterialien, die der Verlag in eigener Verantwortung zur Verfügung stellt.

Inhaltsverzeichnis

Grammatik

Der Textknacker

Einen Sachtext mit Grafik erschließen

Der Textknacker hilft dir, den Sachtext auf den Seiten 5 und 6
über ein seltenes Wildtier in Deutschland zu verstehen.

1. Schritt: Vor dem Lesen

1 Was weißt du schon über den Luchs?
Sammle dazu Stichworte in einem Cluster in deinem Heft.

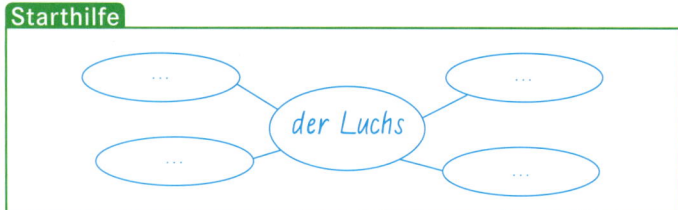

2 Bilder erzählen dir viel, schon bevor du mit dem Lesen anfängst.
   a. Sieh dir die Bilder neben dem Text auf den Seiten 5 und 6 genau an.
   b. Schreibe zu den Bildern Stichworte auf.

3 Die Überschrift verrät dir etwas über das Thema des Textes.

    a. Lies die Überschrift des Textes.

    b. Welche Informationen erwartest du in dem Text? Schreibe Stichworte auf.

_____

_____

2. Schritt: Das erste Lesen

4 Der Text ist in zwei Teile gegliedert. Du kannst nur Teil I oder beide Teile bearbeiten.

    a. Überfliege den Sachtext.

    b. Welche Wörter oder Wortgruppen sind dir in Teil I aufgefallen?
    Markiere sie im Kasten am Rand.

    c. Schreibe Wörter aus Teil II auf, die dir beim ersten Lesen aufgefallen sind.

_____

_____

_____

_____

5 Überprüfe deine Vermutung aus Aufgabe 3 b: Notiere, worum es in dem Text geht.

Jn dem Text geht es um _____

_____

> der Jäger
> die Raubtiere
> die Familie
> der Katzen
> die Körperlänge
> 70 Kilometer
> in der Stunde
> die scharfen Krallen
> die breiten Pfoten
> die Pinselohren
> der Backenbart
> rötlich braun
> die Augen
> goldgelb
> lichtempfindlich

Der Luchs – Eine bedrohte Tierart   Volker Thomas

Teil I

1 _____

Er hört dich, lange bevor du ihn bemerkst. Seine Ohren sind so gut,
dass er noch in 50 Meter Entfernung das Rascheln einer Maus wahrnimmt.
Der Luchs ist ein Jäger, der sich auf sein Gehör verlässt. Nicht umsonst heißt es:
„Ohren haben wie ein Luchs."

2 _____

5 Bis 1960 galt der Luchs in ganz Westeuropa als ausgerottet. Seit rund 15 Jahren werden
die hochbeinigen, eleganten Raubtiere in Deutschland aber wieder öfter gesichtet.
Sie sind neben Bär und Wolf die größten Raubtiere, die in Europa vorkommen.
Luchse gehören zur Familie der Katzen. Mit einer Körperlänge
von 80 bis 110 Zentimetern und einer Schulterhöhe von über 50 Zentimetern
10 übertrifft der Luchs allerdings jede Hauskatze. Seine Beine sind lang gestreckt,
wobei die Vorderbeine kürzer sind als die Hinterbeine. So kann er blitzschnell
zu seiner Beute sprinten. Dabei wird er bis zu 70 Kilometer in der Stunde schnell.
Seine scharfen Krallen lassen der Beute keine Chance. Und seine breiten Pfoten
sorgen dafür, dass er im Winter erfolgreich jagen kann, weil er nicht so tief
15 in den Schnee einsinkt.

3

Typisch für den Luchs sind seine Pinselohren. Die Pinsel bestehen
aus bis zu fünf Zentimeter langen Haaren, die an den Ohren ansetzen. Der runde Kopf
mit dem breiten Backenbart[1] und der auffallend kurze Schwanz sind auch
typische Merkmale. Das Fell des Europäischen Luchses ist im Sommer rötlich braun
20 mit schwarzen Punkten, im Winter grau bis graubraun gefärbt. Seine Augen gleichen
denen eines Tigers. Sie sind goldgelb oder gelbbraun und sehr lichtempfindlich.
Luchse sehen in der Dämmerung und nachts viel besser als ein Mensch.

● **Teil II**

4

Nachts und am frühen Morgen jagen Luchse am liebsten. Bewegungslos lauern sie
bevorzugt an Wildwechseln[2] ihrer Beute auf, springen sie überraschend
25 aus kurzer Entfernung an und beißen zu. Beutetiere sind je nach Lebensraum
Kaninchen, Rotfüchse, junge Wildschweine, Murmeltiere, Mäuse und Eichhörnchen.
Am liebsten schlägt[3] der Luchs Rehe. Forscher haben festgestellt, dass sich
die Verbreitungsgebiete von Rehen oft mit denen von Luchsen decken. Hat ein Luchs
ein Reh erbeutet, legt er einen so genannten „Riss"[4] an: Der Kadaver wird unter Blättern
30 und Zweigen versteckt und im Laufe der nächsten drei bis vier Nächte gefressen.

5

Luchse paaren sich zwischen Februar und April. Das Weibchen bringt
nach einer Tragzeit von rund 70 Tagen in einer Felshöhle zwei bis vier Junge zur Welt.
Es zieht sie allein auf. Maximal ein halbes Jahr lang werden die Jungen gesäugt,
und schon nach vier Wochen fressen sie an der Beute mit. Nach einem Jahr verlassen
35 die Jungtiere ihre Mutter und suchen sich ein eigenes Revier. Luchse können
in freier Wildbahn 15 Jahre alt werden.

[1] der Backenbart: die Behaarung an den Wangen
[2] der Wildwechsel: Wege, die z. B. Rehe regelmäßig benutzen
[3] schlagen: hier: töten
[4] der Riss: hier: die erlegte Beute

3. Schritt: Den Text genau lesen

Absätze gliedern den Text.

6 **a.** Lies den Text nun Absatz für Absatz.
    b. Ordne den Absätzen 1 bis 3 die Zwischenüberschriften vom Rand zu.
● **c.** Schreibe über die Absätze 4 und 5 passende Zwischenüberschriften.

Schlüsselwörter helfen dir, die wichtigsten Informationen zu finden.
Häufig beantworten sie W-Fragen (Was? Wie? Warum? ...).

7 **a.** Lies die hervorgehobenen Wörter in den ersten beiden Absätzen.
    b. Unterstreiche in Absatz 3 Schlüsselwörter.
       Die W-Fragen am Rand helfen dir.
● **c.** Unterstreiche in den Absätzen 4 und 5 Schlüsselwörter.

> Der Körperbau
> Das Aussehen
> Das Gehör

> Welche äußeren
> Merkmale fallen auf?
>
> Wie sehen
> diese Merkmale aus?

8 Schreibe zu jedem Absatz Schlüsselwörter auf.

Absatz 1: _____

Absatz 2: _____

_____

_____

Absatz 3: _____

_____

_____

● Absatz 4: _____

_____

_____

_____

● Absatz 5: _____

_____

Manchmal ist ein unbekanntes Wort wichtig, um eine Textstelle zu verstehen.

9 Manchmal wird ein Wort in einer Fußnote erklärt.
Was bedeutet das Wort **Backenbart** (Zeile 18)? Schreibe die Erklärung auf.

Der Backenbart ist _____

_____

● **10** Erkläre das Wort **Dämmerung** (Zeile 22) in eigenen Worten.

Dämmerung nennt man die _____

_____

11 Gibt es weitere Wörter, die du noch nicht verstanden hast?
a. Versuche, unbekannte Wörter aus dem Zusammenhang zu erklären.
b. Schlage Wörter, die du nicht erklären kannst, in einem Wörterbuch oder Lexikon nach.
c. Schreibe die Wörter mit ihrer Erklärung auf.

_____

_____

_____

4. Schritt: Nach dem Lesen

12 Beantworte die folgenden W-Fragen zum Text in ganzen Sätzen.

Was erfährst du über die Ohren des Luchses?

Zu welcher Familie gehört der Luchs?

● Was versteht man unter einem „Riss“?

● Was erfährst du über den Nachwuchs des Luchses?

13 Was hast du im Text Neues über den Luchs erfahren?
Vervollständige die folgende Mindmap mit Hilfe deines Clusters von Seite 4 und der neuen Informationen.

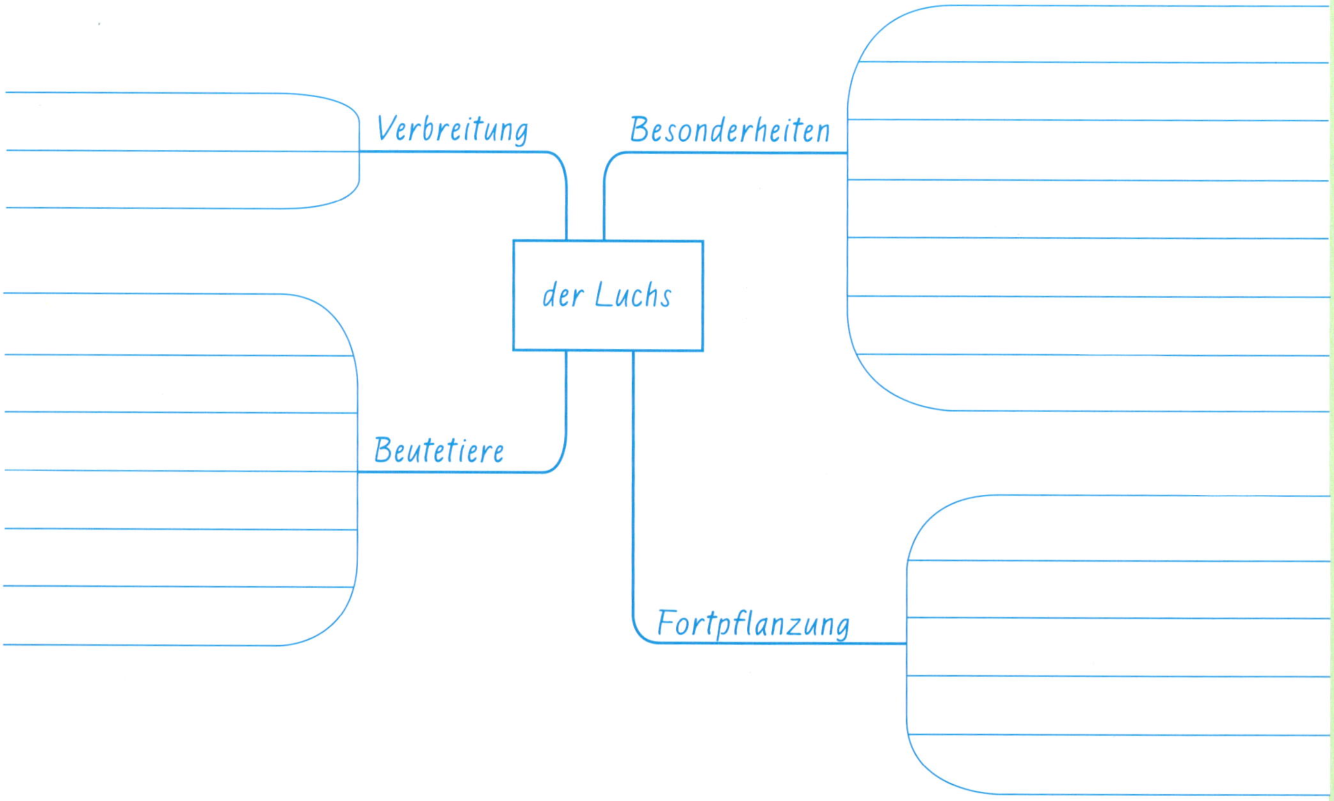

Verbreitung
Besonderheiten
der Luchs
Beutetiere
Fortpflanzung

Die folgende Grafik informiert über die Situation heimischer Tierarten in Bayern.
Mit dem Textknacker kannst du die Grafik verstehen.

Textknacker für Grafiken
➤ Umschlaginnenseite
hinten

Die Gefährdung heimischer Säugetiere in Bayern 2017
(gesamt: 79 Arten)

- ausgestorben oder verschollen
- vom Aussterben bedroht
- stark gefährdet
- gefährdet
- Gefährdung unbekannten Ausmaßes
- extrem selten
- Vorwarnliste*
- ungefährdet

3   7   10   41   6   2   4   6

* die Vorwarnliste: noch ungefährdet, eine Gefährdung
könnte sich aber in den nächsten 10 Jahren entwickeln

14 a. Sieh dir die Grafik als Ganzes an.
b. Worüber könnte die Grafik informieren? Schreibe einen Satz auf.

15 a. Sieh dir die Grafik genauer an.
b. Worüber informiert die Grafik? Kreuze an.

☐ die Anzahl der Säugetiere in Bayern im Jahr 2017

☐ die Gefährdung der Säugetierarten in Bayern im Jahr 2017

16 Was bedeutet das Wort **verschollen**? Schlage es nach und schreibe
die Bedeutung auf.

17 Beantworte die folgenden W-Fragen zu der Grafik.

– Aus welchem Jahr stammen die Angaben? _____

– Wie viele Säugetierarten in Bayern sind vom Aussterben bedroht? _____

• – Was ist die Vorwarnliste? _____

• **18** Formuliere eine Frage an die Grafik und beantworte sie.

19 Was stellt die Grafik dar? Welche Informationen findest du besonders wichtig?
Schreibe einen kurzen Text in dein Heft.

Einen Sachtext mit Grafik verstehen

Der folgende Sachtext und die Grafik informieren dich über Luchse.

1 Lies den Text und die Grafik Schritt für Schritt mit dem Textknacker.

Die Katze mit den leuchtenden Augen

Luchse sind Raubtiere und gehören zu der Familie der Katzen.
Obwohl sie die größten europäischen Katzen in freier Wildbahn sind,
werden sie den Kleinkatzen zugeordnet. Insgesamt gibt es vier Arten
von Luchsen: den Kanadischen Luchs, den Eurasischen Luchs,
5 den Rotluchs und den Pardelluchs. Sie alle kommen
auf der Nordhalbkugel vor, weshalb sie in älterer Literatur manchmal
„Nordluchse" genannt werden. Meist ist im deutschen Sprachgebrauch
der Eurasische Luchs gemeint, wenn von einem „Luchs" die Rede ist.

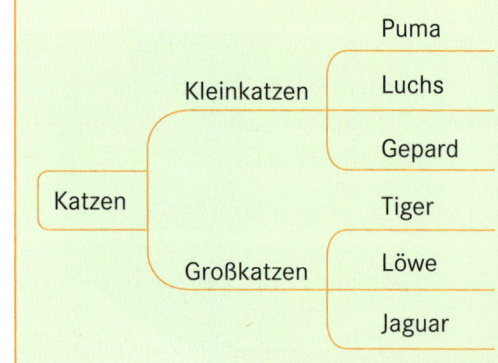

Der kurze Schwanz eines Luchses wird 15 bis 25 Zentimeter lang und seine Spitze
10 ist schwarz. Neben ihren Pinselohren haben Luchse noch eine weitere Besonderheit:
Sie besitzen einen Backenbart. Seine genaue Funktion ist allerdings noch nicht
vollkommen geklärt. Im Gebiss des Luchses befinden sich 28 bis 30 Zähne.
Mit diesen spitzen Zähnen kann er seine Beutetiere besonders gut reißen.
Die mandelförmigen Augen des Luchses sind etwa sechsmal
15 so lichtempfindlich wie die des Menschen. Vermutlich hat der Luchs seinen Namen
den nachts funkelnden Augen zu verdanken: Das Wort „Luchs" leitet sich
von dem altgriechischen Begriff „lychnos" für „Licht" oder „Lampe" ab.
Das Fell eines Luchses kann rotbraun, grau oder sandfarben sein.
Es ist bei manchen Luchsen einfarbig, bei anderen gefleckt.
20 Die Farbe des Fells kann sich je nach Jahreszeit verändern.

Wenn sich ein Luchs normal fortbewegt, misst sein Schritt 40 bis 100 Zentimeter,
wenn er sprintet, sogar bis zu 150 Zentimeter. Seine Krallen kann der Luchs
beim Laufen einziehen, daher unterscheidet sich sein Pfotenabdruck
von dem anderer Tiere, die ungefähr so groß sind wie er – beispielsweise der Wolf.
25 Die Krallen des Wolfs sind nämlich immer ausgefahren. Die Pfotenabdrücke
eines Luchses sind dreimal so groß wie die einer Hauskatze.

In der Regel paaren sich Luchsweibchen in ihrem zweiten Winter das erste Mal.
Die Männchen dagegen gehen erst ab dem dritten Winter auf die Suche
nach einem passenden Weibchen. Grundsätzlich paart sich das Weibchen nur
30 mit einem einzigen Männchen. Die Jungen sind recht früh selbstständig und verlassen
die Mutter bereits im ersten Frühjahr. Allerdings sterben 75 Prozent der Jungen
schon während ihrer ersten beiden Lebensjahre. Das liegt weniger
an ihren natürlichen Fressfeinden, wie etwa den Wölfen, sondern daran,
dass die anfälligen Jungtiere an Katzenseuchen erkranken oder
35 von Autos erfasst werden.

Als Revier bevorzugt der Luchs große Waldareale mit dichtem Unterholz.
Das Revier eines Luchsweibchens ist meist nur halb so groß wie das eines Männchens.
Die Reviergrenzen markieren Luchse durch Harn oder Kratzspuren.

Manchmal befindet sich ein Luchsrevier ganz in der Nähe von Dörfern. Da der Luchs
40 sich tagsüber aber in seinen Verstecken aufhält, bleibt er für den Menschen
fast unsichtbar. Und weil Nutztiere, wie etwa Schafe oder Kühe,
nicht zu den bevorzugten Beutetieren des Luchses gehören, haben die Menschen
auch keine Angst vor dem Luchs. Deswegen ist eine Wiederansiedlung des Luchses
mit wenig Widerstand verbunden. Das zeigt auch das Luchsprojekt im Harz.

2 **a.** Kreuze an, ob die folgenden Aussagen zum Sachtext und zur Grafik
richtig oder falsch sind.
b. Notiere jeweils die entsprechende Zeilenangabe in der rechten Spalte.
c. Wenn du eine Aussage in der Grafik gefunden hast,
schreibe in die rechte Spalte ein G.

Aussagen zum Text und zur Grafik	richtig	falsch	Zeile/Grafik
1. Der Luchs gehört zu den Großkatzen.	☐	☐	
2. Der Luchs kommt nur auf der Südhalbkugel vor.	☐	☐	
3. Der Luchs hat einen langen Schwanz.	☐	☐	
4. Die Funktion des Backenbartes ist überall bekannt.	☐	☐	
5. Die Augen der Luchse sind lichtempfindlicher als die Augen der Menschen.	☐	☐	
6. Seinen Namen verdankt der Luchs seinen Ohren.	☐	☐	
7. Der Begriff „Luchs" leitet sich aus dem Altgriechischen ab.	☐	☐	
8. Das Fell sieht bei jedem Luchs gleich aus.	☐	☐	
9. Luchse können ihre Krallen einziehen und ausfahren.	☐	☐	
10. Der Pfotenabdruck eines Luchses ist genauso groß wie der einer Hauskatze.	☐	☐	
11. Männliche Luchse sind älter als weibliche Luchse, wenn sie sich das erste Mal paaren.	☐	☐	
12. Das Luchsweibchen paart sich immer mit mehreren Männchen.	☐	☐	
13. Ein Viertel aller jungen Luchse wird älter als 24 Monate.	☐	☐	
14. Der Wolf ist ein natürlicher Fressfeind des Luchses.	☐	☐	
15. Bevorzugte Luchsreviere sind Großstädte.	☐	☐	

Wie gut verstehst du den Text und die Grafik?
Werte dein Ergebnis aus.

3 Vergleiche deine Antworten aus Aufgabe 2 mit dem Lösungsheft.
Dort kannst du auswerten, wie gut du schon Texte und Grafiken
lesen und verstehen kannst.

☐ /15 Punkte

Auswertung ▶ **Lösungsheft**

Einen informierenden Text schreiben

Aus einem Sachtext Informationen entnehmen

Der folgende Sachtext informiert dich über die Geschichte des Schwimmens. Mit dem Textknacker erschließt du den Sachtext.

1 a. Sieh dir die Bilder auf den Seiten 12 und 13 an und lies die Überschrift des Textes.
b. Worum geht es in dem Text vermutlich? Schreibe es auf.

Textknacker ➤ S. 4

_____

_____

2 a. Überfliege den Text oder lies ihn einmal durch.
b. Welche Wörter oder Wortgruppen fallen dir auf? Unterstreiche sie mit Bleistift.
c. Überprüfe deine Vermutung aus Aufgabe 1 b. Worum geht es in dem Text?

Zug um Zug: Wie die Menschen schwimmen lernten Sina Löschke

1 *Goethes Schwimmerlebnis*

Ferien, Sommersonne, die Gipfel der Alpen vor der Nase und dazu ein kristallklarer Bergsee in der Schweiz: Welcher Wanderer käme da nicht auf die Idee, Rucksack und Kleidung fallen zu lassen, sich kopfüber in die Fluten zu stürzen [...]? Der Dichter Johann Wolfgang von Goethe tat genau das. Splitterfasernackt sprangen
5 er und seine beiden Reisebegleiter während einer Bergtour im Sommer 1775 ins kühle Nass. [...]

2

Doch in freier Natur zu baden, dazu noch unbekleidet, war [...] damals kein Freizeitspaß – sondern Sünde! Seen, Flüsse und Meere galten als Teufelszeug und Brutstätte tödlicher Krankheiten. Man munkelte, in ihrer dunklen Tiefe würden
10 Monster hausen. Ein Aberglaube, den vor allem die Kirchenoberhäupter verbreiteten. Priester predigten seit dem Mittelalter, die Menschen brauchten nicht schwimmen zu lernen. Gott halte sie im Notfall über Wasser – sie müssten nur fest genug daran glauben. Viele Fischer und Seeleute bezahlten diesen Irrglauben mit dem Leben.

3

Italiener, Franzosen, Deutsche: Alle Menschen dieser Völker waren
15 damals Nichtschwimmer. Komisch, wenn man bedenkt, dass sich schon die Steinzeitmenschen wie Robben im Wasser tummelten. Das beweisen über 10 000 Jahre alte Höhlenzeichnungen. Die Schwimmtechnik hatten sich die Jäger und Sammler von den Tieren abgeguckt. [...]

Felszeichnungen wie diese aus der Wüste Sahara bewe[isen] dass Menschen schon vor über 10 000 Jahren schwimmen konnten.

4

Schon bei den alten Griechen war Wasser mehr als nur ein „Lebensretter".
20 Für sie hatte es magische Eigenschaften. So soll es eine Quelle gegeben haben,
deren Wasser wahnsinnig machte, wenn man davon trank. Auf der Insel Lefkada[1]
stürzten sich regelmäßig unglücklich Verliebte von einer Klippe ins Meer.
Der Sprung galt als einziges Mittel gegen den Herzschmerz – kostete dafür
einige Waghalsige aber auch das Leben. Um die Unfallzahl zu senken, band man
25 den Springern später lebende Vögel an den Leib: in der Hoffnung, deren Geflatter würde
den Aufprall aufs Wasser dämpfen.

5

Über diese Schnapsidee haben die Römer vermutlich bloß gelacht.
Statt sich den Hals zu brechen, lümmelten sie lieber im Pool herum. Allein in Rom
gab es mehr als 800 Badeanstalten, in denen allerdings eher geplanscht als
30 geschwommen wurde: Beim Kraulen ließ es sich nämlich nicht so gut plaudern.
Schwimmen konnten die meisten Badegäste trotzdem, denn spätestens
in der Armee lernte jeder Legionär[2], sich über Wasser zu halten –
selbst in Kampfausrüstung.

6

Um ihren Schützlingen die ersten Armzüge zu erleichtern, bastelten
35 die römischen Bademeister ein Hilfsmittel, das es immer noch gibt:
den Schwimmring. Das römische Modell bestand aus Kork, hielt den Anfänger
aber genauso gut über Wasser wie die modernen „Schaumstoffnudeln" oder
Schwimmbretter, mit denen Kinder heute schwimmen lernen.
Mit einem selbst gebauten Korkring hatte sich auch Goethe das Schwimmen
40 beigebracht. Der Dichterfürst trainierte jeden Tag in der Ilm, einem Fluss in Thüringen.
Und das nicht nur im Sommer, sondern bis weit in den Winter hinein.

7

Hätte Goethe seinen Sturkopf damals nicht durchgesetzt, wäre Schwimmen wohl gar
nicht – oder erst viel später – in Mode gekommen. Tausende Deutsche nahmen sich
gegen Ende des 18. Jahrhunderts den Dichter zum Vorbild und tauchten
45 ins nasse Element ab. Ärzte verschrieben ihren Patienten sogar kalte Flussbäder,
weil der berühmte Goethe sie empfohlen hatte. Eine Welle der Wasserfreude schwappte
bald über Europa. In Großbritannien gründeten Sportbegeisterte
die ersten Schwimmvereine. An den Küsten der Nord- und Ostsee verwandelten sich
verschlafene Fischerdörfer in Seebäder mit Strandkörben und Spaziermeile.

8

50 Sorgenfalten bekommen Bademeister heute nur angesichts der Tatsache,
dass jedes fünfte Kind in Deutschland nicht schwimmen kann. Wie wäre es
deshalb mit einem Ferienschwimmkurs? Wer nämlich seine Angst
vor dem Wasser verliert, wird genauso begeistert seine Bahnen ziehen,
wie es früher Goethe getan hat. [...]*

Schwimmen können macht
Spaß – das Lachen dieser Kinder
zeigt es!

---

[1] die Insel Lefkada: eine griechische Insel im Mittelmeer
[2] der Legionär: ein Soldat einer römischen Heereseinheit, der Legion

Lies den Text genau – Absatz für Absatz.

3 Was erfährst du in den einzelnen Absätzen?
   a. Ordne den Absätzen die Zwischenüberschriften vom Rand zu.
   b. Markiere in jedem Absatz Schlüsselwörter.

Mit einer Zeitleiste werden im Text beschriebene Zeiträume übersichtlich.

4 Finde die folgenden sechs Zeitangaben im Text.
Notiere zu jeder Zeitangabe den Absatz und die Zeilenangabe.

Steinzeitmenschen (Absatz _3_, Zeile _16_),

Mittelalter (Absatz ___, Zeile ___), alte Griechen (Absatz ___, Zeile ___),

Römer (Absatz ___, Zeile ___), heute (Absatz ___, Zeile ___),

Ende des 18. Jahrhunderts (Absatz ___, Zeile ___)

5 Ordne die Zeitangaben aus Aufgabe 4 richtig in die folgende Zeitleiste ein.
Tipp: Die alten Griechen gab es vor den Römern und das Mittelalter begann
nach den Römern.

Steinzeitmenschen				
ca. 2,6 Mio. bis 7000 v. Chr.	ca. 1000 v. Chr. bis 146 v. Chr. / ca. 750 v. Chr. bis 476 n. Chr.	ca. 600 bis 1500 n. Chr.	ca. 1800	nach 2000

Manchmal ist ein unbekanntes Wort wichtig, um eine Textstelle zu verstehen.

6 Manche Wörter werden in Fußnoten erklärt.
Was bedeutet das Wort **Legionär** (Zeile 32)?
Schreibe die Erklärung auf.

der Legionär: _____

_____

7 Erkläre die folgenden Begriffe in eigenen Worten.

hausen (Zeile 10): _____

die Patienten (Zeile 45): _____

der Kork (Zeile 36): _____

8 Schlage Schlüsselwörter, die du nicht aus dem Zusammenhang erklären kannst,
im Wörterbuch oder im Lexikon nach.

Schwimmen
in der Steinzeit

Die Sorge
der Schwimmmeister

Goethes
Schwimmerlebnis

Das abergläubische
Mittelalter

Hilfsmittel
zum Schwimmen

Das Schwimmen
bei den Griechen

Die Römer und
das Schwimmen

Das Schwimmen
wird zur Sportart

Sprachspeicher
schlecht
leben
die Wohnverhältnisse
der Kranke
der Arzt
behandeln
die Rinde
die Korkeiche
das Material

Du kannst nun mit dem Inhalt des Textes arbeiten.

9 Beantworte die folgenden W-Fragen zum Text in ganzen Sätzen:

Wo hatten sich die Steinzeitmenschen ihre Schwimmtechnik abgeschaut?

_____

_____

Was predigten die Priester den Menschen im Mittelalter zum Schwimmen?

_____

_____

Wie lernten die Römer schwimmen?

_____

_____

10 Welche weiteren Fragen beantwortet der Sachtext?
   a. Schreibe zwei Fragen auf.
   b. Beantworte die Fragen in Stichworten.

_____

_____

_____

_____

11 Was hast du in dem Sachtext erfahren?
Ordne die Informationen übersichtlich in der Mindmap.

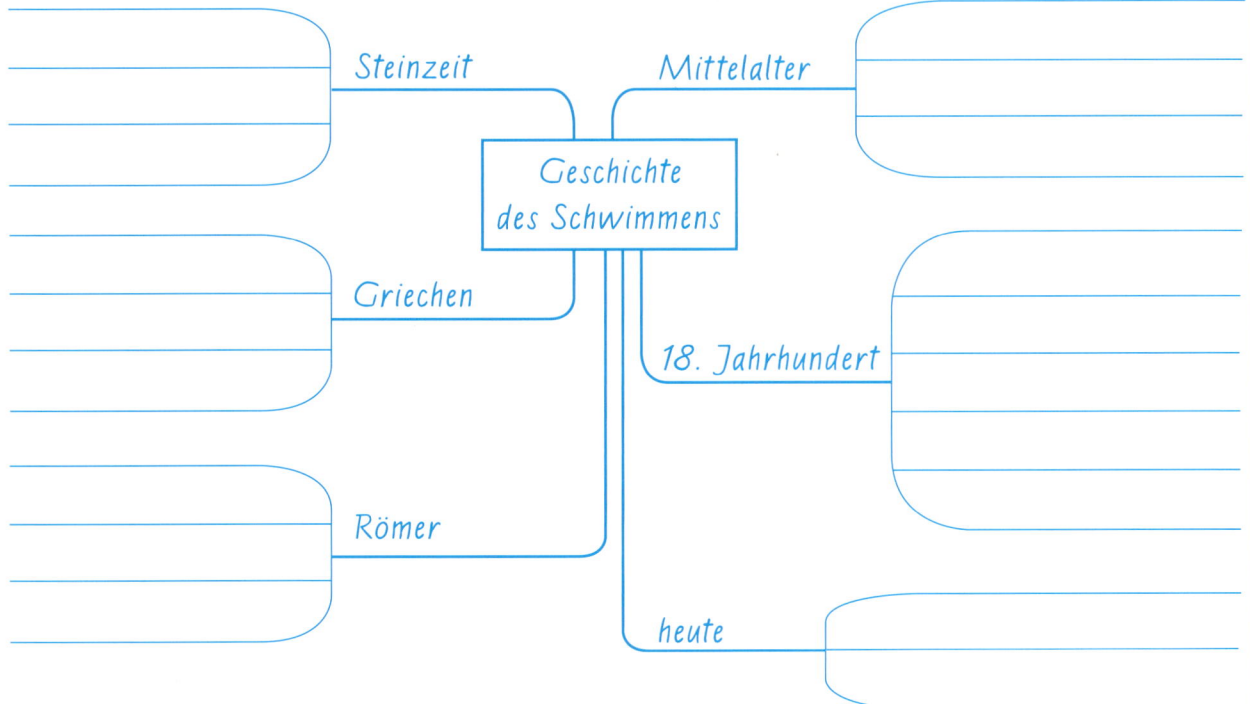

Einen informierenden Text planen

**Du sollst für die Schülerzeitung einen Text schreiben,
in dem du über die Geschichte des Schwimmens informierst.**

1 Überlege dir zunächst Schreibziele und schreibe sie auf.

An wen soll sich der Text richten?

_____

Welches Ziel willst du erreichen?

_____

2 Was musst du hinsichtlich der Sprache und des Stils beachten?
Kreuze die richtigen Antworten an.

☐ Ich benutze wörtliche Rede.

☐ Ich schreibe in einfachen, klaren Sätzen.

☐ Ich baue Spannung auf.

☐ Ich verwende Fachbegriffe, die wichtig sind.

☐ Ich lasse Unwichtiges weg und schreibe sachlich.

3 Was weißt du über die Geschichte des Schwimmens?
Sieh dir noch einmal deine Mindmap von Seite 15 an.

4 Welche Informationen sind wichtig? Was ist besonders interessant?
a. Markiere es in deiner Mindmap.
b. Schreibe jeweils das Wichtigste auf Karteikarten.

5 **a.** Ordne die Karteikarten in einer sinnvollen Reihenfolge.
b. Nummeriere die Karteikarten.

Den informierenden Text schreiben und überarbeiten

Du kannst nun den vollständigen Informationstext in dein Heft schreiben. Verwende dafür deine Ergebnisse von Seite 16.

1 Worüber möchtest du informieren?
Finde eine passende Überschrift und schreibe sie auf.

2 Formuliere eine Einleitung, die die Leserinnen und Leser zum Weiterlesen anregt.

> **Starthilfe**
>
> Im folgenden Text möchte ich …
> Es ist spannend/interessant …
> Höhlenbegeher treffen nicht selten auf …

3 Schreibe nun den Hauptteil deines Textes.
Verwende dazu deine Ergebnisse von Seite 16.

4 Schreibe zum Schluss einen zusammenfassenden Satz oder eigene Gedanken auf.

Anschließend kannst du deinen informierenden Text überarbeiten.

5 **a.** Überprüfe deinen Informationstext mit Hilfe der Checkliste.
b. Schreibe anschließend deinen überarbeiteten Text auf.

Checkliste: Einen informierenden Text schreiben	Ja	Nein
– Habe ich interessante Informationen ausgewählt?	☐	☐
– Habe ich die Informationen sinnvoll gegliedert?	☐	☐
– Habe ich eine passende Überschrift formuliert?	☐	☐
– Habe ich eine Einleitung formuliert, die zum Weiterlesen anregt?	☐	☐
– Habe ich im Hauptteil nur wichtige und sachliche Informationen aufgeschrieben?	☐	☐
– Habe ich zum Schluss einen zusammenfassenden Satz oder eigene Gedanken aufgeschrieben?	☐	☐
– Habe ich verständlich formuliert?	☐	☐
– Habe ich alles richtig geschrieben?	☐	☐

6 Was ist dir gut gelungen? Was möchtest du noch üben?
Schreibe Stichworte auf.

Meinungen schriftlich begründen

Einen Zeitungsartikel auswerten

Arbeitstechnik: Meinungen schriftlich begründen

Wenn du eine Meinung vertreten willst, begründe sie mit Argumenten.
Ein Argument besteht aus einer Behauptung und einer Begründung.
1. Schritt: Den Text planen
– Finde Pro-Argumente, wenn du dafür bist.
– Finde Kontra-Argumente, wenn du dagegen bist.
2. Schritt: Den Text schreiben
– Ordne deine Argumente.
– Begründe deine Meinung mit **denn**- oder **weil**-Sätzen.
3. Schritt: Den Text überarbeiten
– Überprüfe und überarbeite anschließend deinen Text.

In der Zeitung steht ein Artikel über den Schulbeginn.

1 Lies den folgenden Zeitungsartikel mit dem Textknacker.

Textknacker ➤ S. 4

Soll die Schule morgens später anfangen?

Tim und seine Zirndorfer Klassenkameraden kommen oft zu spät in die Schule.
Das stört den Unterricht. Nun fordern die Jugendlichen einen späteren Schulbeginn.
Sie wünschen sich morgens mehr Zeit, denn sie wollen nicht abgehetzt und zu spät
im Unterricht ankommen.

5 Eine Fürther Schule ließ über den Schulbeginn abstimmen. Das Ergebnis erstaunte
viele: Fast 60 Prozent der Schüler waren gegen einen späteren Beginn. Sie wollen
nachmittags früh nach Hause, weil sonst die Zeit für Hausaufgaben, Hobbys und
Freunde fehlt.
Auch viele Eltern sind gegen einen späteren Schulbeginn. Sie müssen morgens

10 selbst früh zur Arbeit und es ist ihnen wichtig, dass alle Familienmitglieder
gemeinsam aus dem Haus gehen. Denn nur so können sie kontrollieren,
ob ihr Kind wirklich zur Schule geht. Außerdem sollten sich Kinder
ihrer Meinung nach an das frühe Aufstehen gewöhnen, weil sie sich später
im Job die Arbeitszeit auch nicht aussuchen können.

15 Schlafforscher aber haben herausgefunden, dass Jugendliche mindestens achteinhalb
Stunden Schlaf brauchen. Viele Schüler gehen abends sehr spät ins Bett.
Wenn sie morgens im Unterricht sitzen, haben sie oft Kopfweh, weil sie zu wenig Schlaf
hatten. Darunter leiden die Noten. Fängt aber der Unterricht eine halbe Stunde
später an, werden die Schulleistungen besser, weil die Jugendlichen ausgeschlafen sind.

2 Um welche Frage geht es in dem Text? Schreibe es auf.

In dem Artikel

In dem Zeitungsartikel gibt es verschiedene Meinungen zum Schulbeginn.

3 Welche Meinung haben die Zirndorfer Schüler, die Fürther Schüler, die Eltern
und die Experten? Schreibe auf, wer für einen späteren Schulbeginn ist und wer nicht.

Die Schule soll später beginnen: _____

Die Schule soll so früh beginnen wie bisher: _____

_____

Welche Argumente nennen die einzelnen Gruppen in dem Zeitungsartikel?
Ein Argument besteht aus einer Behauptung und einer Begründung.

4 **a.** Unterstreiche im Text alle Argumente für einen späteren Schulbeginn grün.
b. Welche Behauptungen äußern die Gruppen jeweils?
Schreibe zu jeder Behauptung einen Satz in der Tabelle auf.
c. Wie begründen die Gruppen ihre Behauptungen? Schreibe die Begründungen dazu.
Tipp: Achte auf **denn**- und **weil**-Sätze im Text.

Behauptung	Begründung
Die Schüler wünschen sich morgens mehr Zeit.	*Sie wollen nicht abgehetzt und zu spät zur Schule kommen.*

5 **a.** Unterstreiche im Text alle Argumente gegen einen späteren Schulbeginn blau.
b. Welche Behauptungen äußern die Gruppen jeweils?
Schreibe zu jeder Behauptung einen Satz in der Tabelle auf.
c. Wie begründen die Gruppen ihre Behauptungen? Schreibe die Begründungen dazu.
Tipp: Achte auf **denn**- und **weil**-Sätze im Text.

Behauptung	Begründung

Eine Meinung in einer E-Mail begründen

Was denkst du über einen späteren Schulbeginn?
Schreibe eine E-Mail an die Zeitung und begründe deine Meinung.

1 Welcher Meinung bist du? Soll die Schule morgens später beginnen oder nicht?
Kreuze an.

☐ Ich bin für einen späteren Schulbeginn.

☐ Ich bin gegen einen späteren Schulbeginn.

Um deine Meinung zu stützen, brauchst du starke Argumente.

2 Notiere Argumente in der Tabelle, um deine Meinung zu stützen.
  a. Schreibe drei Behauptungen auf.
  b. Finde Begründungen, die deine Behauptungen unterstützen.
  Tipp: Du kannst deine Ergebnisse aus den Aufgaben 4 oder 5 auf Seite 19 nutzen.

Behauptung	Begründung

Mit Beispielen kannst du deine Behauptungen und Begründungen
anschaulicher machen und bestärken.

3 Finde passende Beispiele zu deinen Behauptungen mit Begründungen.
Schreibe zwei Beispiele auf.

Sprachspeicher

Zum Beispiel …

Beispielsweise …

… und zwar …

Bei mir ist es
morgens …

Eine Umfrage hat
gezeigt, dass …

Nun kannst du deine E-Mail an die Zeitung in dein Heft schreiben.

4 Schreibe eine passende Anrede auf.

5 Schreibe eine kurze Einleitung:
– Worum geht es? Nenne das Thema.
– Formuliere deine Meinung in einem ganzen Satz.

6 Nenne und erkläre im Hauptteil deine Argumente.
a. Schreibe deine Behauptungen und Begründungen auf.
Verknüpfe sie mit **weil** oder **denn**.
b. Ergänze deine Behauptungen und Begründungen um Beispiele.

7 **a.** Fasse zum Schluss deine Meinung nochmals kurz zusammen.
b. Beende deine E-Mail mit einem passenden Gruß und deinem Namen.

Anschließend kannst du deine E-Mail überarbeiten.

8 **a.** Überprüfe deine E-Mail mit Hilfe der Checkliste.
b. Schreibe anschließend deine überarbeitete E-Mail auf.

Checkliste: Eine Meinung in einer E-Mail begründen	Ja	Nein
– Habe ich eine höfliche Anrede aufgeschrieben?	☐	☐
– Habe ich in der Einleitung das Thema genannt?	☐	☐
– Habe ich meine Meinung aufgeschrieben?	☐	☐
– Habe ich drei Argumente genannt?	☐	☐
– Habe ich meine Behauptungen und Begründungen mit Konjunktionen verbunden?	☐	☐
– Habe ich einen passenden Schluss aufgeschrieben?	☐	☐
– Habe ich die E-Mail mit einem passenden Gruß beendet?	☐	☐
– Habe ich alles richtig geschrieben?	☐	☐

9 Was ist dir gut gelungen? Was möchtest du noch üben?
Schreibe Stichworte auf.

Sprachspeicher

Ich möchte mich zum Thema … äußern.

Ich habe im Artikel „Soll die Schule morgens später anfangen?" gelesen, dass …

Ich finde, dass …

Meiner Meinung nach …

Sprachspeicher

Für/Gegen einen späteren Schulbeginn spricht …, weil …

Ich bin außerdem davon überzeugt, dass …, denn …

Nicht zuletzt finde ich … wichtig, weil …

Einen Vorgang beschreiben

Eine Vorgangsbeschreibung planen

Arbeitstechnik: Einen Vorgang beschreiben

1. Schritt: Die Vorgangsbeschreibung planen
– Notiere alle benötigten Materialien und Arbeitsmittel.
– Schreibe in Stichworten die Arbeitsschritte auf und ordne sie.
2. Schritt: Die Vorgangsbeschreibung schreiben
– Formuliere eine passende Überschrift.
– Nenne zuerst die Materialien und Arbeitsmittel.
– Beschreibe die Schritte genau und in der richtigen Reihenfolge.
3. Schritt: Die Vorgangsbeschreibung überarbeiten
– Überprüfe deine Vorgangsbeschreibung. Verwende Checklisten.
– Überarbeite die Vorgangsbeschreibung. Achte auf die Rechtschreibung.

Leyla macht ein Berufspraktikum auf einem Pferdehof.
Der Pferdewirt zeigt Leyla, wie man ein Pferd putzt.
Diesen Vorgang kannst du beschreiben.

1 Sieh dir die Bilder genau an. Sie zeigen die Arbeitsschritte 1 bis 8.

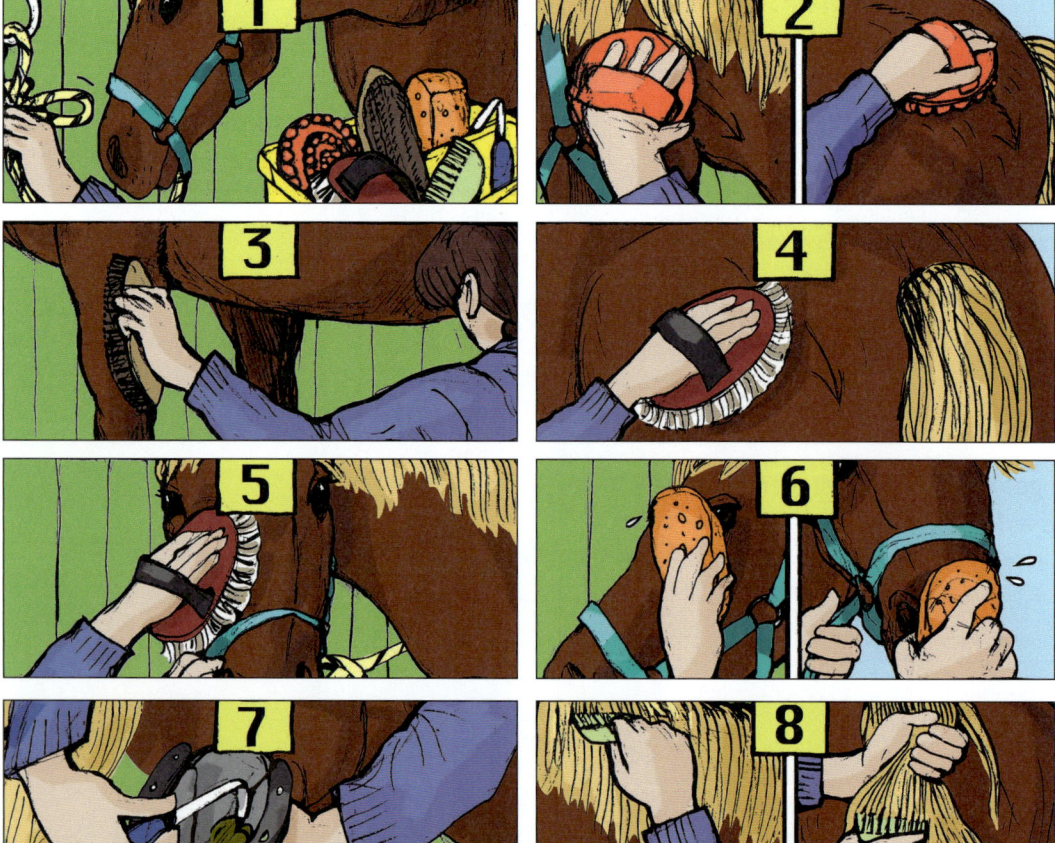

Sprachspeicher
die Wurzelbürste (harte Bürste)
die Kardätsche (weiche Bürste)
der Striegel
der Hufauskratzer

Welche Materialien und Arbeitsmittel braucht der Pferdewirt?

2 Schreibe eine Materialliste.
   a. Sieh dir noch einmal die Bilder auf Seite 22 an.
   b. Schreibe die Materialien und Arbeitsmittel auf.

_____

_____

_____

_____

Bei einer Anleitung ist die richtige Reihenfolge der Arbeitsschritte wichtig.

3 Ordne die folgenden Arbeitsschritte den Bildern 1 bis 8 zu.
   a. Sieh dir noch einmal die Bilder auf Seite 22 an.
   b. Nummeriere die Arbeitsschritte.

- [ ] Kopf mit der Kardätsche bürsten
- [ ] Hals und Körper striegeln
- [ ] Pferd an der Putzstelle festbinden
- [ ] Fell mit der Kardätsche bürsten
- [ ] Beine mit der Wurzelbürste säubern
- [ ] Hufe auskratzen
- [ ] Mähne und Schweif kämmen
- [ ] Augen und Nüstern mit dem Schwamm waschen

4 Was tut der Pferdewirt bei den Arbeitsschritten genau?
Schreibe zu jedem Bild Stichworte auf.

_1:_ _____

_2:_ _____

_3:_ _____

_4:_ _____

_5:_ _____

_6:_ _____

_7:_ _____

_8:_ _____

Sprachspeicher

auskratzen
festbinden
säubern
striegeln
bürsten
kämmen
waschen
der Schweif
der Huf
die Mähne
die Nüster
die Putzstelle

23

Du kannst zu einzelnen Arbeitsschritten Erklärungen einfügen.
So erfahren die Leserinnen und Leser, worauf sie bei dem Vorgang
achten müssen.

5 Zu welchen Arbeitsschritten gehören die folgenden Erklärungen?
Nummeriere sie.

☐ Dadurch wird der Staub entfernt und das Fell wird zum Glänzen gebracht.

☐ So wird verhindert, dass spitze Steine in den Ballen eingetreten werden und
Schmerzen verursachen.

☐ Damit werden diese empfindlichen Bereiche am Kopf nicht verletzt.

6 Schreibe eine eigene Erklärung zu Arbeitsschritt 1 auf.

Starthilfe

Das Pferd muss man ..., damit ...

_____

_____

_____

Du kannst aus verschiedenen Anredeformen wählen.
Du kannst entweder die **man**-Form verwenden oder die **du**-Form.

7 Entscheide dich für eine Anredeform. Kreuze sie an.

Ich schreibe meine Vorgangsbeschreibung ...

☐ in der **man**-Form (Man benötigt ...).

☐ in der **du**-Form (Du benötigst ...).

Die Überschrift gibt den Leserinnen und Lesern Hinweise
zum Thema des Vorgangs.

8 Wähle aus den folgenden Überschriften eine passende aus.
Kreuze die Überschrift an.

☐ Im Stall arbeiten

☐ Ein Pferd putzen

☐ So machst du alles richtig

☐ Ein Pferd satteln und säubern

9 Formuliere eine eigene Überschrift.

_____

24

Die Vorgangsbeschreibung schreiben

Wie putzt man ein Pferd?
Nun kannst du die vollständige Vorgangsbeschreibung in dein Heft schreiben.
Verwende dazu deine Ergebnisse von den Seiten 22 bis 24.

1 Schreibe eine passende Überschrift auf.

2 Welche Materialien und Arbeitsmittel werden benötigt?
Schreibe sie in einem ganzen Satz auf. Verwende deine gewählte Anredeform.

> **Starthilfe**
> Um ein Pferd zu putzen, benötigt man folgende Arbeitsmittel:
> einen Striegel, eine Wurzelbürste ...

> **Starthilfe**
> Um ein Pferd zu putzen, benötigst du folgende Arbeitsmittel:
> einen Striegel, eine Wurzelbürste ...

3 Beschreibe die Schritte des Vorgangs genau.
- Verwende das Präsens.
- Verwende deine gewählte Anredeform.
- Schreibe zu jedem Bild mit Hilfe deiner Stichworte ein bis zwei Sätze auf.
- Verwende passende Satzanfänge, um die Reihenfolge der Schritte zu verdeutlichen.
- Bezeichne die Tätigkeiten genau mit passenden Verben.
- Formuliere sachlich.

> **Sprachspeicher**
>
> | Man-Form | Passiv |
> |---|---|
> | Man bindet fest ... | ... wird festgebunden |
> | Man striegelt ... | ... werden gestriegelt |
> | Man säubert ... | ... werden gesäubert |
> | Man bürstet .... | ... wird gebürstet |
> | Man wäscht ... | ... werden gewaschen |
> | Man kratzt aus ... | ... werden ausgekratzt |
> | Man kämmt ... | ... werden gekämmt |

> **Sprachspeicher**
>
> | | |
> |---|---|
> | Zuerst ... | Danach ... |
> | Als Erstes ... | Anschließend ... |
> | Dann ... | Nun ... |
> | Daraufhin ... | Schließlich ... |
> | Jetzt ... | Am Schluss ... |

● 4 Füge bei einigen Arbeitsschritten Erklärungen ein.

> **Starthilfe**
> Dies ist wichtig, da ...
> Dadurch wird/werden ...

Eine Vorgangsbeschreibung überarbeiten

Milan hat eine Vorgangsbeschreibung geschrieben.

<u>Wie man einen Liebesbrief mit einem QR-Code verschlüsselt</u>

1 Zuerst gebe ich im Internet bei einer Suchmaschine die Begriffe „QR-Code erzeugen" ein. Man erhält viele Internetadressen, bei denen ich kostenlos selbst einen QR-Code erzeugen kann.

2 Wenn man einen Liebesbrief im Würfelmuster eines QR-Codes verstecken möchte, braucht man einen kurzen, liebevollen Text und ein Handy oder einen PC mit Internetanschluss. Sobald man einen passenden Link öffnet, erschien schon ein Feld, in das man einen Text eintragen konnte. Anschließend klickt man den Button für die automatische Erzeugung des QR-Codes.

3 Sofort erscheint auf dem Bildschirm das gemusterte Quadrat mit den verschlüsselten Informationen. Zuvor speichert man das Quadrat so in einem Ordner, dass man es später wiederfindet. Am Anfang verschickt man den QR-Code im Anhang einer E-Mail oder druckt ihn aus. Man kann ihn auch direkt dem oder der Liebsten auf dem Handy zeigen.

Achtung: Fehler!

Milans Vorgangsbeschreibung ist an einigen Stellen nicht gelungen. Du kannst sie überarbeiten.

1 Die Anrede **man** wird nicht einheitlich verwendet.
⊙ **a.** Streiche in dem Text alle Stellen durch, an denen **ich** steht. Streiche auch das dazugehörige Verb durch.
  b. Schreibe die Sätze mit **man** und den richtigen Verbformen auf.

_____

_____

_____

2 Das Präsens wird nicht durchgehend verwendet.
⊙ **a.** Welche Verbformen stehen nicht im Präsens? Streiche sie durch.
  b. Schreibe den Satz im Präsens auf.

_____

_____

Beachte die einzelnen Schritte des Vorgangs und ihre Reihenfolge.

3 An einer Stelle werden die Schritte nicht in der richtigen Reihenfolge beschrieben.
Aus Absatz 1 ist ein ganzer Satz in Absatz 2 verrutscht.
Markiere ihn und zeichne mit einem Pfeil ein, wo er hingehört.

4 Zwei Satzanfänge geben die Reihenfolge der Schritte nicht richtig wieder.

⊙ **a.** Welche Satzanfänge sind nicht passend?
Markiere sie im Text.

b. Probiere aus, wie du die Satzanfänge überarbeiten kannst.
Schreibe die Sätze auf.

_____

_____

_____

_____

_____

5 Schreibe die überarbeitete Vorgangsbeschreibung von Milan in dein Heft.

Nun kannst du deine Vorgangsbeschreibung von Seite 25 überarbeiten.

6 **a.** Überprüfe deine Beschreibung mit Hilfe der Checkliste.
b. Schreibe anschließend deine überarbeitete Beschreibung auf.

Checkliste: Einen Vorgang beschreiben	Ja	Nein
– Habe ich eine passende Überschrift aufgeschrieben?	☐	☐
– Habe ich alle notwendigen Materialien und Arbeitsmittel genannt?	☐	☐
– Habe ich alle Schritte des Vorgangs in der richtigen Reihenfolge beschrieben?	☐	☐
– Habe ich die Schritte genau, vollständig und verständlich beschrieben?	☐	☐
– Habe ich eine einheitliche Anrede verwendet?	☐	☐
– Habe ich durchgängig im Präsens geschrieben?	☐	☐
– Habe ich die Schritte mit abwechslungsreichen Satzanfängen verdeutlicht?	☐	☐
– Habe ich alle Tätigkeiten mit passenden Verben genau bezeichnet?	☐	☐
– Habe ich die Vorgangsbeschreibung sachlich formuliert?	☐	☐
– Habe ich alles richtig geschrieben?	☐	☐

7 Was ist dir gut gelungen? Was möchtest du noch üben?
Schreibe Stichworte auf.

_____

_____

Anschaulich erzählen

Eine Geschichte erzählen

Arbeitstechnik: Anschaulich schriftlich erzählen

1. Schritt: Die Geschichte planen
– Plane deine Geschichte: Schreibe Stichworte zu den Handlungsbausteinen auf.
– Überlege dir den Aufbau für deine Geschichte.
2. Schritt: Die Geschichte schreiben
– Beschreibe Figuren und Orte mit treffenden Adjektiven.
– Gestalte die Geschichte durch Gedanken, Gefühle und wörtliche Rede lebendig.
– Verwende treffende Verben und unterschiedliche Satzanfänge.
3. Schritt: Die Geschichte überarbeiten
– Überprüfe deine Geschichte. Verwende Checklisten.
– Überarbeite deine Geschichte. Achte auf die Rechtschreibung.

Zeitungsmeldungen können deine Fantasie anregen.
Hier kannst du eine Geschichte zu einer Zeitungsmeldung schreiben.

1 Lies die folgende Zeitungsmeldung.

Baggerfahrer gräbt ein kleines Vermögen aus

Auf einem Grundstück der Bahnhofstraße hob ein Baggerfahrer eine zwei Meter tiefe Baugrube aus, als plötzlich an seiner Baggerschaufel ein merkwürdig aussehender Sack hing. Darin fand der Fahrer eine Menge alter Geldscheine, insgesamt 100.000 Mark[1]. Heute entspricht das einem Wert von 51.000 Euro. Ein Sprecher der Polizei sagte, dass die Polizei nun Ermittlungen einleiten werde, um zu überprüfen, woher das Geld stammt.

[1] die Mark: Mit Mark bezahlte man in Deutschland von 1948 bis 2001. Seit 2002 gibt es den Euro.

2 Markiere wichtige Wörter der Zeitungsmeldung im Text.

3 Welche Fragen hast du zu der Zeitungsmeldung? Schreibe sie auf.

Wer hat den Geldsack eingegraben? Stammt das Geld vielleicht

von einem Raubüberfall? Warum

4 Wie könnte das Geld unter die Erde gekommen sein? Und wann?
Erfinde eine Vorgeschichte. Schreibe deine Idee in Stichworten auf.

Die Geschichte planen

Woher stammt das Geld?
Du kannst nun eine Geschichte zu der Zeitungsmeldung auf Seite 28 schreiben.

Plane deine Geschichte.

1 Beantworte die folgenden Fragen. Schreibe Stichworte auf.

Wo spielt die Geschichte?

Wann spielt die Geschichte?

Überlege dir eine spannende Handlung für deine Geschichte.
W Plane sie mit Hilfe der Handlungsbausteine.
– Du kannst die Ideen vom Rand verwenden.
– Du kannst auch deine eigenen Ideen verwenden.

Notiere Ideen für die Handlungsbausteine **Hauptfigur in Situation** und **Wunsch**.

2 Wer ist deine Hauptfigur?
Beschreibe sie mit Hilfe eines Steckbriefes (z. B. Name, Alter, Aussehen, Charakter usw.).
Schreibe Stichworte auf.

mutig
hinterhältig
schüchtern
schreckhaft
leichtsinnig
intelligent

3 In welcher Situation soll deine Geschichte beginnen?
Beschreibe die Situation der Hauptfigur in Stichworten.

findet einen Schatz
ist auf der Flucht
erbt viel Geld
plant einen Überfall

4 Was wünscht sich die Hauptfigur?
Beschreibe den Wunsch in Stichworten.

jemandem helfen

Geld verstecken

Geld ausgeben für …

Beute machen

eine Entführung
mit Geldübergabe

Notiere nun Ideen für die Handlungsbausteine Hindernis, Reaktion und Ende.

5 Welches Hindernis steht dem Wunsch der Hauptfigur im Weg?
Beschreibe es in Stichworten.

_____

_____

_____

_____

_____

ein heftiger Streit
entsteht

etwas stürzt herab

ein Knarzen ist
zu hören

eine Polizeisirene
ertönt

jemand taucht
plötzlich auf

6 Was denkt und fühlt die Hauptfigur?
Beschreibe es in Stichworten.

_____

_____

_____

_____

_____

gerät in Panik

erschreckt sich
fast zu Tode

konzentriert sich
auf ...

fühlt sich überlegen

hat Angst,
geschnappt zu
werden

7 Welche Idee hat die Hauptfigur? Wie reagiert sie?
Schreibe es in Stichworten auf.

_____

_____

_____

_____

_____

sich verstecken
weglaufen
Geld verstecken
Geld verschenken

8 Wie endet deine Geschichte? Wie löst sich die Spannung auf?
  a. Das Ende muss zur Zeitungsmeldung passen.
     Lies dazu noch einmal dein Ergebnis von Aufgabe 2 auf Seite 28.
  b. Schreibe deine Ideen in Stichworten auf.

_____

_____

_____

_____

Geheimnis bleibt
versiegelt

macht sich unverletzt
auf den Weg ...

schafft es
in letzter Sekunde ...

Die Geschichte schreiben und überarbeiten

Nun kannst du deine Geschichte in dein Heft schreiben.
Verwende dazu deine Ideen von den Seiten 29 und 30.

1 Schreibe eine Einleitung in zwei oder drei Sätzen in dein Heft.
Beantworte dabei die W-Fragen: Wer? Wo? Wann?

2 Erzähle deine Geschichte spannend, anschaulich und lebendig.
   a. Überlege, was nacheinander geschieht und wie es weitergeht.
   b. Baue die Spannung auf: Erzähle ausführlich, aber verrate noch nicht den Schluss.

3 Beschreibe Figuren, Orte und Gefühle mit treffenden Adjektiven.

4 Deine Geschichte wird lebendiger, wenn sie wörtliche Rede enthält.
Schreibe einige Sätze in wörtlicher Rede auf.
Verwende in den Begleitsätzen treffende Verben.

> **Sprachspeicher**
> ... flüsterte: „..."
> „...", entgegnete ...

5 Verwende unterschiedliche Satzanfänge.

> **Sprachspeicher**
> Zu Beginn ... Zuerst ...
> Nun ... Plötzlich ...

6 Wie endet deine Geschichte? Erzähle, wie sich die Spannung löst.

7 Überlege dir eine passende Überschrift, die neugierig macht. Schreibe sie auf.

Nun kannst du deine Geschichte überarbeiten.

8 **a.** Lies den Text auf Seite 28 und deine Geschichte noch einmal.
   – Passen deine Geschichte und die Angaben aus der Zeitungsmeldung zusammen?
   – Liefert deine Geschichte eine Begründung, wie das Geld unter die Erde kam?
   b. Überarbeite deine Geschichte, falls nötig.

9 **a.** Überprüfe deine Geschichte mit Hilfe der Checkliste.
   b. Schreibe anschließend deine überarbeitete Geschichte auf.

Checkliste: Eine Geschichte anschaulich erzählen	Ja	Nein
– Habe ich meine Geschichte verständlich aufgebaut?	☐	☐
– Habe ich Figuren und Orte mit treffenden Adjektiven beschrieben?	☐	☐
– Habe ich treffende Verben verwendet?	☐	☐
– Habe ich Gedanken, Gefühle und wörtliche Reden der Figuren eingefügt?	☐	☐
– Habe ich unterschiedliche Satzanfänge verwendet?	☐	☐
– Habe ich eine passende Überschrift gefunden?	☐	☐
– Habe ich alles richtig geschrieben?	☐	☐

10 Was ist dir gut gelungen? Was möchtest du noch üben?
Schreibe Stichworte auf.

Literarische Texte verstehen

Einen Romanauszug erschließen

Der folgende Auszug stammt aus dem Jugendroman
„Robert und Trebor" von Paul Maar.

Die Handlungsbausteine helfen dir, den Romanauszug zu verstehen.

1 **a.** Sieh dir das Bild auf Seite 33 an und lies die Überschrift.
    b. Worum geht es in dem Romanauszug vermutlich? Schreibe es auf.

Ich vermute, dass

2 **a.** Lies den Romanauszug mit dem Textknacker.
   ⊙ **b.** Markiere Schlüsselwörter.

Textknacker ➤ S. 4

In der neuen Klasse   Paul Maar

Nun ist Robert schon drei Wochen in der neuen Klasse.
Aber Freunde hat er immer noch nicht. Manche aus seiner Klasse kann er gut leiden.
Aber die haben schon alle einen Freund.
Am besten gefällt ihm die Simone aus der zweiten Bank. Simone hat kurze,
5 dunkle Haare. Wenn Simone lacht, werden ihre Augen ganz schmal. Simone lacht oft.
Das gefällt Robert so gut an ihr. Ihm hat sie auch schon einmal zugelacht.
Aber Simone ist ausgerechnet mit Frank befreundet. Und den kann Robert überhaupt
nicht leiden. Frank ist der Stärkste aus der Klasse. […] Außerdem ist er ein Angeber.
Robert kann gar nicht verstehen, was Simone an Frank findet.
10 In der großen Pause, als Frank gerade mit Jürgen rauft, geht Robert zu Simone. […]
„Was meinst du, wer gewinnt?", fragt Robert. „Frank oder Jürgen?"
„Das ist mir doch egal", sagt Simone.
„Das ist dir egal?", fragt Robert erstaunt. „Frank ist doch dein Freund. Willst du nicht,
dass er gewinnt?"
15 „Wer sagt denn, dass Frank mein Freund ist? Außerdem kann ich Schlägereien sowieso
nicht leiden."
„Ach so", sagt Robert. Er kramt in seiner Jackentasche und holt eine Dose heraus.
Er öffnet sie. Sie ist bis an den Rand gefüllt mit lauter weißen Kügelchen.
„Magst du ein Bonbon?", fragt Robert und hält Simone die Dose hin.

20 „Das sind Bonbons? Die sehen aus wie Kopfschmerztabletten", sagt Simone.
„Das sind Pfefferminzbonbons. Probier doch mal! Sie schmecken gut", sagt Robert.
Als Simone gerade in die Dose greifen will, kommt Frank zurück. Er schlägt
von unten gegen die Dose. Alle Bonbons fliegen heraus und liegen auf
dem Schulhof.

25 „Schaut mal: ein Wunder! Es hat geschneit!", ruft Frank. [...]
Alle, die herumstehen, lachen. Sogar Simone muss unwillkürlich lachen. [...]
Robert könnte heulen vor Wut. Er steckt die leere Dose in die Tasche und geht.
[...] Die anderen sollen nicht sehen, dass ihm die Tränen in die Augen steigen.
Sogar Simone hat gelacht über ihn! So eine Gemeinheit.

30 „Die sind alle gemein", murmelt Robert vor sich hin. „Ich will keinen von denen
als Freund." [...]
Simone schaut hinter Robert her. „Jetzt ist er beleidigt", sagt sie zu Frank.
„Du bist schuld daran!"
„Na und?", sagt Frank und lacht. [...]

35 „Ich finde es doof von dir, dass du die Bonbons ausgeschüttet hast", sagt Simone.
„Du findest mich doof? Sag das noch einmal!", sagt Frank drohend.
„Ja, ich finde dich doof!", sagt Simone mutig und dreht Frank den Rücken zu.
Aber das hat Robert nicht gehört, weil er ja so schnell weggegangen ist.*

Untersuche den Handlungsbaustein Hauptfigur in Situation.

3 Was erfährst du in den Zeilen 1 bis 3 über die Hauptfigur und ihre Situation?
Kreuze an.

☐ Die Hauptfigur heißt Robert. Er ist neu in der Klasse. Er hat schon einen Freund.

☐ Die Hauptfigur heißt Robert. Er ist neu in der Klasse. Er hat noch keinen Freund.

Untersuche den Handlungsbaustein Wunsch.

4 **a.** Lies noch einmal die Zeilen 4 bis 9.
b. Welchen Wunsch hat die Hauptfigur?
Kreuze an.

☐ Robert möchte mit Frank befreundet sein. Frank lacht oft.

☐ Robert möchte mit Simone befreundet sein. Simone lacht oft.

5 Welche Gründe nennt Robert für seinen Wunsch?
Wie steht er zu den Figuren Frank und Simone?
Notiere Gründe aus dem Text mit passenden Zeilenangaben.

Robert möchte mit Frank _____ , weil _____

_____

Robert möchte mit Simone _____ , weil _____

_____

befreundet sein
nicht befreundet sein

6 In der Pause versucht Robert, sich seinen Wunsch zu erfüllen.
a. Lies noch einmal die Zeilen 10 bis 19.
b. Was tut Robert? Kreuze an.

☐ Er bietet Frank ein Bonbon an.   ☐ Er bietet Simone ein Bonbon an.

Wie geht der Romanauszug weiter?
Untersuche dazu die Handlungsbausteine **Hindernis** und **Reaktion**.

7 Welches Hindernis stellt sich Robert in den Weg?
  a. Lies noch einmal die Zeilen 22 bis 25.
  b. Ergänze in den folgenden Sätzen die fehlenden Wörter.

  Frank kommt zurück, als Simone ein _____ nehmen will.

  Von unten _____ er gegen die Dose.

  Alle Kinder _____ , auch _____ .

  Die Bonbons liegen auf dem _____ .

8 Welche Reaktion zeigt Robert?
Schreibe es in Stichworten auf.
Notiere auch die passende Zeilenangabe.

_____

_____

9 Was könnte Robert denken, nachdem er gegangen ist?
Schreibe es auf.

Starthilfe

Frank ist der Schlimmste von allen. Und Simone …

_____

_____

_____

Untersuche den Handlungsbaustein **Ende**.

10 Welches Ende hat der Romanauszug?
Kreuze an.

☐ Simone sagt Frank, dass sie ihn doof findet.
  Das hört Robert. Er steht noch in der Nähe.

☐ Simone sagt Frank, dass sie ihn doof findet.
  Das hört Robert nicht. Er ist schon weggegangen.

11 Wie könnte die Geschichte weitergehen? Notiere Ideen in Stichworten.
  – Werden Robert und Simone Freunde?
  – Was passiert, damit die beiden Freunde werden / nicht Freunde werden?
  – Was denkt Frank darüber? Wie reagiert er?

_____

_____

_____

_____

34

Mit dem Romanauszug produktiv umgehen

Um den Auszug aus dem Roman „In der neuen Klasse" noch besser zu verstehen, kannst du dich in die Figur Simone hineinversetzen.

1 Welches Verhältnis hat Simone zu Frank?
Kreuze die passenden Antworten an.

☐ Simone interessiert sich nicht für Frank.

☐ Simone ist mit Frank befreundet.

☐ Simone findet Frank doof, weil er andere ärgert.

2 Simone unterhält sich in der Pause mit Robert. Was könnte sie über ihn denken? Schreibe ihre Gedanken auf.

> **Starthilfe**
> Robert finde ich ..., denn er ... Ich glaube, er ...

_____

_____

3 In der Pause ist Frank gemein zu Robert. Was macht Simone in dieser Situation?
a. Lies noch einmal die Zeilen 22 bis 38.
b. Wie verhält sich Simone? Schreibe es auf.

Zuerst _____

Aber dann _____

c. Wie fühlt sich Simone vermutlich dabei?
Schreibe passende Wörter oder Wortgruppen auf.

_____

d. Kannst du Simones Verhalten verstehen?
Schreibe deine Meinung auf und begründe sie.

_____

_____

> wütend
> ängstlich
> empört
> gleichgültig
> hat Mitleid

Am Abend schreibt Simone einen Brief an eine Freundin.

4 Schreibe den Brief in dein Heft.
Verwende dazu deine Ergebnisse von den Aufgaben 1 bis 3.
– Schreibe in der Ich-Form.
– Berichte über den Vorfall in der Pause.
– Schreibe Gedanken dazu auf und beschreibe die Gefühle.
– Bitte die Freundin um Rat: Wie solltest du dich gegenüber Robert verhalten?

Eine Kurzgeschichte erschließen

Die folgende Kurzgeschichte handelt von einem alltäglichen Geschehnis im Leben der Hauptfigur.

1 **a.** Sieh dir das Bild an und lies die Überschrift.
b. Worum geht es in der Kurzgeschichte vermutlich? Schreibe es auf.

Ich vermute, dass _____

2 **a.** Lies die Kurzgeschichte mit dem Textknacker.
☉ **b.** Markiere Schlüsselwörter.

Textknacker ➤ S. 4

Der Busfahrer   Pea Fröhlich

Er wusste, dass sie an der nächsten Station einsteigen würde, und freute sich.
Wenn Platz war, saß sie immer so, dass er sie im Rückspiegel sehen konnte.
Meistens las sie, manchmal schaute sie auch auf die Straße. Er konnte an
ihrem Gesicht ablesen, ob es ihr gut ging. Im Winter trug sie einen braunen
5 Pelz mit einem passenden Käppchen und im Sommer weiße oder blaue Kleider.
Einmal hatte sie die Haare aufgesteckt, es stand ihr nicht und jemand musste
es ihr gesagt haben, denn am nächsten Tag sah sie wieder aus wie sonst.
Sie war ihm sehr vertraut und er hätte sie gerne angesprochen, aber er wagte
es nicht. Er fürchtete sich nur davor, dass sie einmal nicht mehr einsteigen
10 würde. Vielleicht, dass sie die Arbeitsstelle wechselte. Für ihn war das die
schönste Zeit am Tag, die fünf Stationen, die sie immer mit ihm fuhr.
Diesmal sah er sie schon von Weitem. Sie stand da und lachte einen Mann an,
der den Arm um sie gelegt hatte. Sie verpasste das Einsteigen, weil der Mann sie küsste.

Die Handlungsbausteine ermitteln ➤ S. 32

Mit Hilfe der Handlungsbausteine kannst du die Kurzgeschichte erschließen.

3 Wer ist die Hauptfigur?
a. Lies noch einmal die Überschrift und den Anfang der Kurzgeschichte.
b. Kreuze den zutreffenden Satz an.

☐ Die Hauptfigur ist der Autor.   ☐ Die Hauptfigur ist der Busfahrer.
Er hat in der Kurzgeschichte keinen Namen.

4 In welcher Situation befindet sich die Hauptfigur? Beantworte die Fragen in Stichworten:

Wo befindet sich die Hauptfigur? _____

Was tut die Hauptfigur? _____

5 Was wünscht sich die Hauptfigur? Schreibe es in einem Satz auf.

_____

_____

6 Neben der Hauptfigur gibt es noch eine andere wichtige Figur. Notiere Stichworte:

Wer ist die Figur? _____

Warum ist sie wichtig? _____

Kurzgeschichten haben bestimmte Merkmale.
Du kannst sie nun genauer untersuchen.

Kurzgeschichten haben einen plötzlichen Anfang.

7 **a.** Lies noch einmal den ersten Satz der Kurzgeschichte.
   b. Beantworte die folgenden Fragen in Stichworten.

Wie beginnt die Kurzgeschichte? Was geschieht am Anfang?

Was könnte an diesem Tag bereits alles passiert sein?
Schreibe deine Vermutungen auf.

Kurzgeschichten handeln von alltäglichen Geschehnissen im Leben ihrer Figuren.

8 Was geschieht im Alltag des Busfahrers? Notiere Stichworte.

Starthilfe
> Busfahrer bei der Arbeit, fährt jeden Tag gleiche Strecke, eine Frau immer Fahrgast, freut sich auf sie ...

9 Welche Wörter und Wortgruppen im Text machen deutlich,
   dass das Geschehnis alltäglich ist? Markiere sie im Text.

Kurzgeschichten haben oft ein überraschendes oder offenes Ende.

10 Was geschieht am Ende der Kurzgeschichte?
   a. Lies noch einmal das Ende der Kurzgeschichte (Z. 12–13).
   b. Fasse es in eigenen Worten zusammen.

11 Was ist an dem Ende überraschend oder offen?
   Vervollständige die folgenden Satzanfänge.

Die Kurzgeschichte hat ein überraschendes Ende, weil _____

Die Kurzgeschichte hat ein offenes Ende, weil _____

Mit der Kurzgeschichte produktiv umgehen

In der Kurzgeschichte auf Seite 36 geht es um einen Busfahrer,
der heimlich in seinen Fahrgast verliebt ist. Doch plötzlich ist alles anders.

Um die Geschichte noch besser zu verstehen, kannst du dich in die Figuren
hineinversetzen.

W 1 In welche Figur möchtest du dich hineinversetzen? Wähle Aufgabe a oder b.
    a. Versetze dich in den Busfahrer hinein. Bearbeite die Aufgaben 2 bis 4
      auf Seite 38.
    b. Versetze dich in einen anderen Fahrgast hinein, der die Situation beobachtet.
      Bearbeite dazu die Aufgaben 5 bis 7 auf Seite 39.

Du kannst dich in den Busfahrer hineinversetzen.

2 Was könnte der Busfahrer am Ende denken?
Wie könnte er sich fühlen?
Schreibe seine möglichen Gedanken auf.

_____

_____

_____

_____

_____

Am Abend erzählt der Busfahrer das Geschehnis einem Freund und bittet ihn um Rat.

3 Was könnte der Busfahrer erzählen? Was könnte der Freund dem Busfahrer raten?
Notiere Stichworte für das Gespräch.

der Busfahrer erzählt:	der Freund rät:

4 Schreibe das Gespräch in dein Heft.
    – Verwende deine Notizen von Aufgabe 3.
    – Beachte die Satzzeichen bei wörtlicher Rede.

Satzzeichen bei
wörtlicher Rede ➤ S. 55

Du kannst dich in einen anderen Fahrgast hineinversetzen. Stell dir vor, der Fahrgast beobachtet die Situation. Wie könnte sie oder er das Geschehnis erleben?

5 Entscheide dich zunächst:

Der Fahrgast fährt ☐ immer mit diesem Bus. ☐ nur an dem Tag mit diesem Bus.

6 Beantworte für den Fahrgast die folgenden Fragen in Stichworten.
Beachte dabei dein Ergebnis von Aufgabe 5.
a. Wer ist sie oder er? In welcher Situation befindet sie oder er sich?

_____

_____

_____

b. Was ist für den Fahrgast alltäglich?

_____

_____

_____

c. Ahnt der Fahrgast, dass der Busfahrer sich jeden Tag auf die Frau freut?
Notiere mögliche Gründe, warum der Fahrgast es ahnt / es nicht ahnt.

_____

_____

_____

d. Was wünscht sich der Fahrgast?

_____

_____

e. Was denkt und fühlt der Fahrgast am Ende der Geschichte?

_____

_____

_____

Am Abend schreibt der Fahrgast in sein Tagebuch.

7 Schreibe den Tagebucheintrag in dein Heft. Verwende deine Notizen von Aufgabe 6.
– Schreibe in der Ich-Form.
– Berichte über das Geschehnis aus dem Bus.
  Ergänze weitere Angaben, zum Beispiel eine Haltestelle.
– Schreibe Gedanken dazu auf und beschreibe die Gefühle.

Starthilfe	Starthilfe
Wie jeden Tag bin ich heute wieder mit dem Bus gefahren. An der Haltestelle Waldstraße …	Heute morgen bin ich ausnahmsweise mit dem Bus gefahren. Der Busfahrer wirkte nett, aber an der Haltestelle …

Rechtschreibstrategien und Regeln

Sprechen – hören – schreiben

Deutliches Sprechen und genaues Hinhören helfen dir beim richtigen Schreiben.
Viele Wörter schreibst du so, wie du sie sprichst und hörst.
Diese Wörter sind Mitsprechwörter.

1 Lies den folgenden Text.

Einladung zum Sommerfest

Kurz vor den Sommerferien findet wieder das Sommerfest der Schule statt.

Alle Schülerinnen und Schüler sind eingeladen und sie dürfen auch ihre Familien

mitbringen. Für Eltern und Geschwister ist das eine großartige Gelegenheit, die

Mitschüler und Lehrkräfte näher kennen zu lernen. Vor dem Fest gibt es viele wichtige

Aufgaben zu erledigen, dabei hilft jeder gerne mit. Am kommenden Freitag treffen

sich alle in der großen Pause auf dem Schulhof, um die Aufgaben zu verteilen.

Natürlich möchte Jarno bei der Gestaltung der Einladung mitarbeiten. Deutsch und

Kunst sind seine Lieblingsfächer. Jarno hat schon einige Ideen für witzige Texte.

2 Wobei möchte Jarno mitarbeiten?
Schreibe es in einem Satz auf.

_____

_____

3 **a.** Sprich die hervorgehobenen Wörter deutlich Silbe für Silbe.
b. Zeichne Silbenbögen unter die Wörter.

4 **a.** Diktiert euch gegenseitig die hervorgehobenen Wörter.
Sprecht die Wörter langsam in Silben.
b. Schreibt die Wörter auf. Zeichnet Silbenbögen unter die Wörter.

_____

_____

_____

_____

Wenn du Wörter Silbe für Silbe sprichst, hörst du bei manchen Wörtern
ein **h** am Anfang einer Silbe.

5 **a.** Sprich die Wörter vom Rand deutlich Silbe für Silbe.
   Achte auf das silbenöffnende **h**.

   b. Schreibe die Wörter auf.

   c. Zeichne Silbenbögen unter die Wörter und markiere das **h**.

gehören,

gehören
(der) Fernseher
(die) Rehe
blühen
ruhig
gehen
(die) Schuhe
stehen
glühen
nähen
(die) Zehen

6 **a.** Lies den folgenden Text.
   Sprich dabei die hervorgehobenen Wörter deutlich Silbe für Silbe.

   b. Entscheide, ob das Wort richtig oder falsch geschrieben ist.

   c. Schreibe alle hervorgehobenen Wörter richtig auf.
   Achte auf die Anzahl der Silben.
   Ergänze bei den Nomen den bestimmten Artikel.

Achtung: Fehler!

Das Motto des Sommerfests

Jarno kommt nach der Pause am Freitg begeistert in den Klassenraum zurück.

Er darf die Einladung mitgestalten. Insgesamt freut er sich dieses Jahr besondrs

auf das Sommerfest. Das Fest hat jedes Jahr ein neues spannendes Motto,

zu dem Essen, Spiele und Dekoration passen. Wer möchte, kann sich sogar passend

verkleiden. Letzes Jahr lautete es „Sport und Spiel". Diesmal heißt es „Reise um die

Welt". Jarno ist schon ganz neugierig, welche Spiele dazu angeboten werden. Ob es

wieder einen Hindernislauf gibt? Früer hätte er darauf keine Lust gehabt, aber letztes

Jahr haben er und sein Partner gewonnen. Die Kletterwand wird Jarno jedenfalls nicht

nutzen, denn er hat Höenangst.

zwei Silben: _die Pause,_

drei Silben:

vier Silben:

Wörter verlängern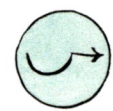

Wörter mit **b**, **d**, **g** am Ende sind Nachdenkwörter. Du kannst nicht hören,
mit welchem Buchstaben das Wort oder die Silbe endet.
Dann hilft dir das Verlängern.

> **Merkwissen**
>
> Oft spricht man am Ende eines Wortes **p**, **t**, **k** und schreibt doch **b**, **d**, **g**.
> Durch Verlängern kannst du den Endbuchstaben hörbar machen.
> Suche eine längere Form des Wortes. Dann hörst du,
> welchen Buchstaben du schreiben musst.
> – Nomen: der Die **?** ⤳ die Die**b**e (Plural) – daher: der Die**b**
> – Verben: sie gi **?** t ⤳ ge**b**en (Infinitiv) – daher: sie gi**b**t
> – Adjektive: lusti **?** ⤳ lusti**g**er (Steigerungsform) – daher: lusti**g**

Die Schreibweise von Nomen und von Verbformen mit **b**, **d**, **g** kannst du
durch Verlängern herausfinden.

1 Lies den folgenden Text.

Die Vorbereitungen laufen auf Hochtouren

Der Ta__ des Sommerfests rückt näher und es gibt noch Einiges zu tun, zum Beispiel
den Schulhof und das Gebäude dekorieren, die Musikanlage testen, das Essen
vorbereiten. Jarno fra__t sich langsam, wie sie das alles schaffen sollen.
Der Klassenlehrer, Herr Jacobs, beruhi__t Jarno: „Das Sommerfest wird
ein voller Erfo__!" Jarno ist sich nur in einer Sache sicher: Zum Fest
will er auch seinen Hun__ mitbringen. Ob die Schule das wohl erlau__t?

2 Was fragt Jarno sich langsam? Markiere es im Text.

3 **b** oder **p**? **d** oder **t**? **g** oder **k**?
   Leite die Schreibweise der hervorgehobenen Wörter mit Hilfe des Verlängerns her.
   a. Schreibe die Verlängerung der Wörter auf.
   b. Schreibe die Wörter dann richtig auf.
   c. Ergänze in den Wörtern im Text die fehlenden Buchstaben.

   Nomen:
   ⤳ die Tage – der Tag _____
   ⤳ _____
   ⤳ _____

   Verben:
   ⤳ fragen – fragt _____
   ⤳ _____
   ⤳ _____

Das Verlängern hilft dir, Adjektive mit **b**, **d**, **g** richtig zu schreiben.
Im folgenden Text sind nicht alle hervorgehobenen Adjektive richtig geschrieben.

4 Lies den folgenden Text.

Das Beste am Sommerfest

Die jüngeren Gäste finden besonders die vielen Spiele spannent. Aber Jarnos kleiner

Schwester gefällt die Dekoration am besten. Alles strahlt kräftik in bunten Farben.

Nur die Lose für die Tombola sind alle gelb. Jarno ist besonders neugierig auf das Essen.

Da seine Schwester liep ist, kauft er ihr eine Waffel. Bis in den Abend hinein tanzen

die Gäste wild zur Musik.

5 Was gefällt Jarnos Schwester am besten? Markiere es im Text.

6 Sind die im Text hervorgehobenen Adjektive richtig oder falsch geschrieben?
Leite die richtige Schreibweise her.
 a. Verlängere die Adjektive. Schreibe dazu Wortgruppen auf.
 b. Schreibe das Adjektiv in der Grundform auf.

  die spannenden Spiele – spannend,

7 Schreibe den Text in deinem Heft fehlerfrei auf.

Das Verlängern hilft dir auch, zusammengesetzte Nomen mit **b**, **d**, **g**
richtig zu schreiben. Dazu musst du die Wörter zerlegen.

8 Leite die richtige Schreibweise der Nomen her.
 a. Zerlege die zusammengesetzten Nomen.
 b. Verlängere das erste Nomen: Schreibe den Plural auf.
 c. Ergänze bei dem zusammengesetzten Nomen den fehlenden Buchstaben.
 d. Schreibe das zusammengesetzte Nomen vollständig auf.

zusammengesetztes Nomen	Plural	richtige Schreibweise
das Aben_d_brot	*die Abende*	*das Abendbrot*
der Fahrra___helm		
die Zu___begleiterin		
die Ver___form		
die Ber___luft		
der Kor___sessel		

Wörter ableiten

Wenn du unsicher bist, ob ein Wort mit **ä** oder **e**, mit **äu** oder **eu** geschrieben wird, dann hilft dir die Ableitungsprobe.
Diese Wörter mit **ä** oder **äu** sind Nachdenkwörter.

> **Merkwissen**
>
> **ä** und **e** klingen in vielen Wörtern ähnlich; **äu** und **eu** klingen gleich.
> Du kannst Wörter mit **ä** oder **äu** von verwandten Wörtern mit **a** oder **au** ableiten.
>
> m**ä**chtig – die M**a**cht   die H**äu**ser – das H**au**s   sie l**äu**ft – l**au**fen
> ?   a 🔆 ä   ?   au 🔆 äu   ?   au 🔆 äu

1   Lies den folgenden Text.

Das Aufräumen

Auch die schönsten Erlebnisse gehen irgendwann zu Ende. Nach dem Fest müssen alle saubermachen. Jarno unterhält sich mit seiner Mitschülerin Mara darüber, ob es den Gästen gefallen hat. „Na klar!", ruft Mara, während sie mit dem Besen in die andere Richtung läuft. „Die Mäuse haben auf den Tischen getanzt!"

2   Mit wem unterhält sich Jarno? Markiere es im Text.

3   Leite die Wörter mit **ä** und **äu** aus dem Text von verwandten Wörtern ab.
    a. Unterstreiche die Wörter mit **ä** und **äu**.
    b. Schreibe die unterstrichenen Wörter auf und
        ergänze jeweils ein verwandtes Wort mit **a** oder **au**.
    c. Markiere in den Wörtern **ä** oder **äu** und **a** oder **au**.

unterh**ä**lt – unterh**a**lten,

weitere Übungen zum Ableiten ▶ S. 61

4   Lies, wie das Gespräch zwischen Jarno und Mara weitergeht.

Jarno l___chelt. „Was hat dir denn am besten gefallen?", fragt er, als sie die Tische s___bern. „Am wenigsten hat mir gefallen, die ___pfel für den Obststand zu sch___len und zu schneiden. Danach haben meine H___nde geklebt. Am besten hat mir die Musik und das Tanzen gefallen." Nach dem Aufr___men verlassen die beiden zufrieden das Geb___de. Jarno tr___mt dabei schon vom nächsten Jahr.

5   Was hat Mara am besten gefallen? Markiere es im Text.

6   **ä** oder **e**? **äu** oder **eu**?
    Ergänze in den hervorgehobenen Wörtern im Text die fehlenden Buchstaben.
    Die verwandten Wörter vom Rand helfen dir.

lachen
(der) Apfel
(die) Hand
(der) Raum
sauber
bauen
(die) Schale
(der) Traum

Mit Wortbausteinen üben

Viele Wörter sind aus mehreren Teilen zusammengesetzt:
aus dem Wortstamm und anderen Wortbausteinen.
Wortbausteine helfen dir, Nachdenkwörter richtig zu schreiben.

Wortbildung: Baustelle Verben

Vorsilben sind Wortbausteine.
Häufig verwendete Vorsilben in Verben sind **ver-**, **vor-**, **er-** und **ein-**.
So entstehen Verben mit einer anderen Bedeutung.

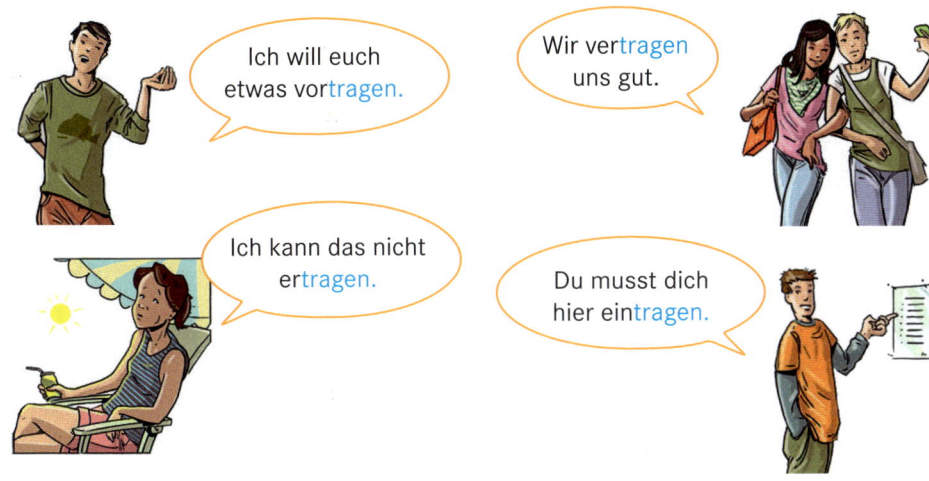

1 In den Sprechblasen ist das Verb **tragen** hervorgehoben.
   a. Markiere die verschiedenen Vorsilben des Verbs.
   b. Schreibe die Verben auf.

   vortragen, _____

2 Welche Bedeutung haben die Verben?
   Schreibe zu jedem Satz den passenden Satz aus den Sprechblasen auf.
   Tipp: Die Bilder helfen dir.

Ich kann das nicht aushalten.   *Ich kann das nicht ertragen.*

Wir verstehen uns gut.   _____

Ich will euch etwas laut vorlesen.   _____

Du musst deinen Namen hier aufschreiben. _____

3 Welches Verb passt in welche Lücke?
   Ergänze die Sätze mit einem passenden Verb aus Aufgabe 1.
   Tipp: Die Verbformen ändern sich.

Mit seinen Geschwistern _____ er sich selten gut.

Im Reitstall müssen sich die Jugendlichen in eine Liste _____.

Wie _____ du nur diesen Lärm?

4 Schreibe mit den Verben aus Aufgabe 1 eigene Sätze in deinem Heft auf.

Wortbildung: Baustelle Nomen

1 Lies den folgenden Text.

Der Geburtstag

Lea hat an einem warmen Samstag im Sommermonat Juli Geburtstag.

Ihre Familie und die Freunde haben sich in diesem Jahr eine besondere Überraschung

ausgedacht: Sie machen einen Fahrradausflug an den Badesee. Lea packt aufgeregt

ihre Tasche, denn sie weiß noch nicht, wohin sie fahren. Als sie hinter den Bäumen

und Büschen den See erblickt, freut sie sich sehr: „Ein Tag am See, wie schön!"

In der Mittagszeit breiten sie dann die Picknickdecke aus. Neben erfrischender

Wassermelone gibt es auch Leas Lieblingskuchen. Hmm, lecker!

2 Warum packt Lea aufgeregt ihre Tasche?
Schreibe es in einem Satz auf.

_____

3 **a.** Im Text findest du acht zusammengesetzte Nomen.
Unterstreiche sie.
b. Schreibe die zusammengesetzten Nomen mit ihren Artikeln auf.
Tipp: Achte darauf, dass bei einigen Wörtern ein **s** zwischen Bestimmungswort
und Grundwort steht:
die Geburt + **s** + der Tag = der Geburtstag.
c. Markiere bei den zusammengesetzten Nomen den Artikel und das zweite Nomen.

_____

_____

_____

_____

4 **a.** Bilde zusammengesetzte Nomen und schreibe sie auf.
b. Markiere das **s** zwischen den Nomen.

das Frühstück + s + das Brett = 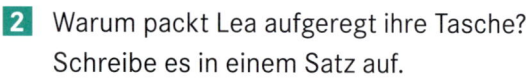 _das Frühstücksbrett,_____

die Liebe + s + der Brief = _____

der Unterricht + s + die Stunde = _____

Regelwissen anwenden: Nomen großschreiben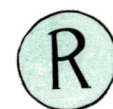

Die Tipps zum Erkennen von Nomen wiederholen

1 Lies den folgenden Text.

Fit ins Praktikum

Mittags kamen die Achtklässler Pia, Lisa und Vlado zu uns. Sie erzählten

von ihrem Praktikum. Pia sagte: „Beim Frisör durfte ich viel helfen. Im Gespräch

mit den Kundinnen und den Kunden ist Höflichkeit sehr wichtig.

Ich habe viele Informationen über meinen Traumberuf erhalten,

aber es war anstrengend, so lange zu stehen."

Vlado lächelte und sagte: „Bei mir war es genau umgekehrt. Vom Fußballtraining

bin ich Bewegung gewohnt, aber im Büro musste ich lange sitzen und habe die Post

in unterschiedliche Mappen sortiert. Da haben meine Beine richtig gekribbelt."

Der Text enthält viele Nomen. Einige findest du mit Hilfe der Tipps 1 bis 5.

weitere Übungen
zu Nomen ➤ **S. 58**

2 **a.** Dreizehn Nomen findest du mit Hilfe der Tipps 1 bis 5. Unterstreiche sie.
   b. Schreibe die unterstrichenen Nomen mit dem bestimmten Artikel auf.
     Notiere dazu den Tipp oder die Tipps, die du beachtet hast.

die Achtklässler (Tipp 2),

Im Text auf Seite 47 stehen auch Nomen, die du mit Hilfe der Tipps 6 oder 7 findest.

3 Finde im Text die Nomen, vor denen eine Präposition steht, die mit einem Artikel verschmolzen ist. Schreibe die Nomen mit den Präpositionen auf.

_____

_____

4 Finde im Text das Nomen, vor dem ein Zahlwort steht.
Schreibe das Nomen mit dem Zahlwort auf.

_____

In dem folgenden Text sind alle Nomen kleingeschrieben.
Du kannst sie mit Hilfe der Tipps 1 bis 7 erkennen.

5 **a.** Lies den Text.
b. Finde die Nomen mit Hilfe der Tipps und unterstreiche sie.
c. Schreibe die Nomen richtig auf.
Notiere dazu den Tipp oder die Tipps, die du beachtet hast.

Lisa (Tipp 1)

Auch <u>lisa</u> berichtete von ihrem praktikum: „Ich war in einem seniorenheim.

_____

Dort ist aufmerksamkeit sehr wichtig. Viele bewohner brauchen morgens

_____

unterstützung durch eine pflegekraft, zum beispiel beim anziehen.

_____

Dann wurde das frühstück zubereitet und ich habe beim verteilen geholfen.

_____

Anschließend hat meine betreuerin mich gebeten, zwei bewohnerinnen

_____

in den gemeinschaftsraum zu begleiten. Als begleitung hatte ich

_____

eine verantwortungsvolle aufgabe. Ich durfte nicht zu schnell gehen und

_____

musste den kürzesten weg finden.“

_____

6 Schreibe den Text in der richtigen Groß- und Kleinschreibung in deinem Heft auf.

Achtung: Fehler!

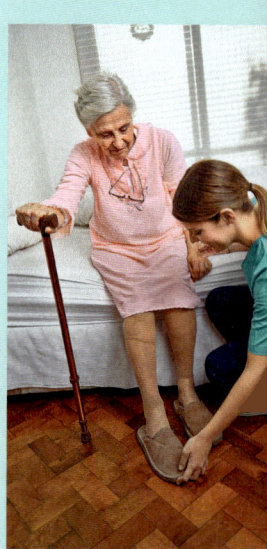

48

Nominalisierte Verben und Adjektive

Du weißt bereits, dass auch Verben und Adjektive zu Nomen werden können.
Du erkennst es an ihren Begleitern.

Die Wörter das, beim und zum machen Verben zu Nomen.

1 Die Verben in den folgenden Sätzen können zu Nomen werden.
Schreibe die Regeln auf. Verwandle dazu die hervorgehobenen Verben in Nomen.

Im Seniorenheim ist es verboten, zu schreien.

Das Schreien

Es ist wichtig, die Anweisungen der Pfleger zu befolgen.

Es ist gefährlich, Sicherheitsvorschriften zu missachten.

Die Wörter etwas, nichts und alles machen Adjektive zu Nomen.

2 Bilde mit den Wörtern etwas, nichts, alles und den Adjektiven Wortgruppen.
a. Schreibe die Wortgruppen auf.
b. Schreibe zu jeder Wortgruppe einen Satz in deinem Heft auf.

etwas nichts alles	+	gut bunt gesund

etwas Gutes,

Großschreibung von Eigennamen

Merkwissen

Eigennamen wie die Namen von Personen (z. B. Vornamen, Nachnamen), Lebewesen und
Orten (z. B. Länder, Straßen) werden großgeschrieben. Bestehen Eigennamen aus mehreren
Wörtern, werden alle Adjektive und Nomen großgeschrieben.
Johann Wolfgang von Goethe, der Bayerische Wald

3 In den folgenden Sätzen sind die Eigennamen kleingeschrieben.
Schreibe sie in der richtigen Schreibweise in die Lücken.

Mein Opa (walter) _____ arbeitete in einem Bergwerk

im (bayerischen wald) _____.

In seiner Freizeit ging er oft zum Bergsteigen und kletterte

auf den (großen arber) _____.

Meine Großmutter arbeitete beim (roten kreuz) _____.

Regelwissen anwenden:
Wortgruppen getrennt schreiben

1 Bilde aus den folgenden Nomen und Verben Wortgruppen.
  a. Verbinde die Nomen mit den passenden Verben.
  b. Schreibe die Wortgruppen auf.
  c. Schreibe zu jeder Wortgruppe einen Satz in deinem Heft auf.

Radio	machen
Zeitung	führen
Feuer	schließen
Frieden	hören
Krieg	lesen
Müll	fahren
Basketball	trennen
Rollstuhl	spielen

2 **a.** Lies die folgenden Sätze.
  b. Setze die passenden Wortgruppen vom Rand ein.

Bei einem Basketballturnier können die Spieler viel _____.

Jeder weiß aber, dass es die Mannschaft auch _____.

Ein starker Gegner kann den Spielern zudem _____.

Doch ein gelungener Wurf lässt die Mannschaft wieder _____.

Auch das Publikum kann den Spielern _____.

Vor allem der Trainer muss der Mannschaft _____.

Spaß haben
Selbstvertrauen geben
Kraft kosten
Angst machen
Mut machen
Hoffnung schöpfen

3 Schreibe mit einer Wortgruppe aus Aufgabe 2 einen eigenen Satz auf.

Merkwörter mit i üben

Merkwörter sind Wörter, deren Schreibweise du nicht durch Strategien oder Regeln herleiten kannst. Übe sie immer wieder.

Die meisten Wörter mit langem i schreibst du mit ie.
Die Schreibung von einigen Wörtern mit langem i musst du dir merken.

Ist dir schon einmal Raps begegnet?

Im Mai können wir auf dem Land fast überall gelbe Rapsfelder bewundern.

Raps ist eine wirtschaftlich bedeutende Pflanze, denn aus seinen Samenkörnern

kann man Rapsöl gewinnen. Aus drei Kilo Rapssaat wird etwa ein Liter Rapsöl

gepresst. Die Reste ergeben einen festen Rapskuchen, der ein wichtiges Futtermittel

für Nutztiere ist. Vor allem kalt gepresstes Rapsöl hat viele Vitamine.

Aus dem Rapsöl werden auch Margarine und andere Backfette hergestellt.

Das heiß gepresste Rapsöl nutzt man außerdem zum Einfetten von Maschinen.

Raps wird auch zur Herstellung von Kraftstoff verwendet.

Es kann normales Benzin ersetzen.

1. Im Text findest du Merkwörter mit i.
   a. Unterstreiche die Merkwörter.
   b. Schreibe die Merkwörter auf. Ergänze bei Nomen den bestimmten Artikel.
   c. Markiere das i.

   dir, _____

   _____

2. Schreibe den Text aus Aufgabe 1 in deinem Heft auf.

Auch das Wort **wider** schreibst du mit i, wenn es die Bedeutung von **gegen** hat.

3. a. Verbinde die mit **wider** zusammengesetzten Wörter mit ihren Bedeutungen.
   b. Schreibe die Wörter und ihre Bedeutungen in deinem Heft auf.
   c. Markiere das i.

der Widerstand	etwas dagegen sagen
widersprechen	ungern
widerstehen	antworten
widerwillig	einem Wunsch nicht nachgeben
erwidern	die Abwehrhaltung

Zeichensetzung

Komma in Aufzählungen

Die Teile einer Aufzählung, die nicht durch **und** verbunden sind,
werden durch Kommas voneinander getrennt.
Schildkröten, Geckos, Schlangen und Leguane gehören zu den Reptilien.
Leguane als Haustiere fressen frisches Obst, grünen Löwenzahn und Insekten.

1 Lies den folgenden Text.

Leguane

Leguane gehören zu den Reptilien. Diese Kriechtiere kommen in Nordamerika,

Mittelamerika und Südamerika vor. Die meisten Arten leben auf dem Erdboden.

Dort schlafen, jagen oder fressen sie. Es gibt aber auch Arten, die auf hohen Bäumen,

kargen Felsen oder im kalten Meer leben.

Leguane sehen sehr beeindruckend aus. Ihre Haut besteht aus Schuppen.

Viele sind gelb blau orange oder pink gefärbt. Zur Verteidigung können sie

mit dem Schwanz schlagen drohend fauchen und heftig mit dem Kopf nicken.

Einige Männchen haben außerdem auffällige Kämme große Kehllappen oder

spitze Schwanzstacheln. Diese Merkmale sollen Gegner einschüchtern.

2 Wo kommen Leguane vor? Markiere es im Text.

3 Im Text findest du viele Aufzählungen.
   a. Unterstreiche im ersten Absatz die aufgezählten Wörter oder Wortgruppen.
   b. Markiere die Kommas.

4 Im zweiten Absatz fehlen bei den Aufzählungen die Kommas.
   a. Unterstreiche die aufgezählten Wörter oder Wortgruppen.
   b. Setze die fehlenden Kommas.

5 Schreibe den Text aus Aufgabe 1 vollständig in deinem Heft auf.

6 Formuliere mit Hilfe der Informationstafel zwei Sätze.
   a. Schreibe die Sätze in deinem Heft auf.
   b. Unterstreiche die aufgezählten Wörter und Wortgruppen.
   c. Markiere die Kommas.

Achtung: Fehler!

Starthilfe

Leguane leben ...
Ihre Nahrung besteht aus ...

Lebensraum der Leguane:
• auf dem Erdboden
• auf Bäumen
• auf Felsen
• am Meer

Nahrung:
• Insekten
• wirbellose Tiere
• Pflanzen
• Algen

Komma in Relativsätzen

1 Lies den folgenden Text.

Mit Profil

User nennt man einen Menschen, der Mitglied in einem sozialen Netzwerk ist.

Jeder User gestaltet für sich eine Seite, die er ins Netz stellt.

Man erstellt ein Profil, das möglichst viel über einen aussagt.

Es gibt mehrere soziale Netzwerke, die für Schüler kostenlos sind.

Ayla erzählt von ihrem Netzwerk: „Ich kann jedem User schreiben der mich

interessiert. Auf meiner Seite gibt es eine Pinnwand die Veröffentlichungen

von anderen enthält. Ich habe ein Profilbild das nicht zu persönlich ist.

Mein Netzwerk besteht aus Seiten die von den Usern gestaltet werden."

Achtung:
Fehler!

2 Was ist ein User? Markiere es im Text.

3 Im Text findest du viele Relativpronomen.
   a. Unterstreiche in jedem Satz das Relativpronomen der, das, die oder die.
   b. Markiere im ersten Absatz jeweils die Kommas.
   c. Im zweiten Absatz fehlen die Kommas. Setze sie.

4 Schreibe den Text aus Aufgabe 1 vollständig in deinem Heft auf.

5 **a.** Verbinde die folgenden Satzanfänge mit den passenden Relativsätzen.
   b. Schreibe die vollständigen Sätze auf. Achte auf die Kommasetzung.
   c. Markiere die Kommas.

Gib niemandem Informationen,	die dich schützen.
In jedem sozialen Netzwerk gibt es Regeln,	die persönlich sind.
Sei misstrauisch bei Nachfragen,	das dich nicht blamiert.
Verwende nur ein Foto,	die persönliche Angaben von dir verlangen.

Komma in Infinitivsätzen

1 Lies den folgenden Text.

Das Willkommenslied

Heute beginnt Jantos Praktikum im Kindergarten. Er hat zwei Wecker

gestellt, um sich nicht zu verspäten. Im Kindergarten wartet schon

die Leiterin, um Janto zu begrüßen. Sie zeigt ihm zuerst alle Räume

und Gruppen. Danach sitzt Janto allein im Büro. Er spitzt die Ohren.

Er hört Geräusche vor der Tür.

Die Leiterin kommt um Janto zu holen. Im Flur haben sich die Kindergartenkinder

aufgestellt um ein Willkommenslied für ihn zu singen.

Achtung:
Fehler!

2 Was hat Janto gemacht, um nicht zu verschlafen? Markiere es im Text.

3 Im ersten Absatz findest du zwei Infinitivsätze.
 a. Unterstreiche in diesen Sätzen die Verben im Infinitiv und die Wörter **um** und **zu**.
 b. Markiere die Kommas.

4 Im zweiten Absatz findest du zwei Infinitivsätze.
 a. Schreibe die Sätze auf.
 b. Unterstreiche die Verben im Infinitiv und die Wörter **um** und **zu**.
 c. Setze die Kommas und markiere sie.

 Die Leiterin

5 a. Schreibe den Text aus Aufgabe 1 in deinem Heft auf.
  Setze alle Kommas.
 b. Unterstreiche das Verb im Infinitiv und die Wörter **um** und **zu**.
  Markiere die Kommas

6 Schreibe die Sätze mit **um … zu** in deinem Heft auf.
 Achte auf die Kommasetzung.

Janto kniet sich hin		dem Jungen die Nase	putzen.
Ein Kind nimmt Jantos Hand	, um	ihn in die Autoecke	ziehen.
Die Kinder decken den Tisch		mit Janto	zu frühstücken.
Emil und Esra malen Bilder		sie Janto	schenken.

Satzzeichen bei wörtlicher Rede

Heute diskutiert Yasemins Klasse über Nutzen und Gefahren sozialer Netzwerke.

Ich finde mein Netzwerk gut, weil ich dort nachmittags meine Freunde treffe.

Yasemin

Ich hätte Angst, dort von Fremden belästigt zu werden.

Kasia

Wäre es nicht schöner, die Freunde persönlich zu treffen?

Mika

Achte darauf, welche Informationen du von dir preisgibst.

Nico

1 Was sagen Yasemin, Mika, Kasia und Nico?
  a. Schreibe die Sätze als wörtliche Rede auf.
  b. Setze Anführungszeichen, Kommas und Doppelpunkte.

Yasemin sagt: „Ich finde _____

_____

_____ fragt Mika.

Kasia entgegnet: _____

_____

_____ rät Nico.

2 Im folgenden Text fehlt die Zeichensetzung bei der wörtlichen Rede.
  a. Setze im Text die fehlenden Zeichen ein.
  b. Schreibe den Text in deinem Heft auf.

Laura sagt Das größte Problem an Netzwerken ist das Mobbing!

Ich hätte Angst davor, im Internet beleidigt zu werden sagt Caro.

Tim überlegt Ich wüsste gar nicht, was ich in so einem Fall tun sollte.

Ich denke, man sollte sich einem Erwachsenen anvertrauen rät Amed.

Achtung:
Fehler!

Texte lesen – üben – richtig schreiben

1. Trainingseinheit: Adjektive mit Nachsilben, Fremdwörter mit -ieren und -(t)ion, Komma bei Nebensätzen

1 Lies den Text.

Urzeittiere |

Bei Ausgrabungen | finden Forscher immer wieder | Skelette von Tieren aus der Urzeit. |

Diese Tiere lebten, | als es auf der Erde | noch keine Menschen gab. |

Die meisten Urzeittiere | waren friedliche Pflanzenfresser. | Es gab aber auch Arten, |

die für andere Tiere | sehr gefährlich werden konnten. | Norwegische Forscher |

fanden ein Skelett, | das einem Reptil | aus dem Meer gehörte. | Es war acht Meter lang |

und hatte riesige Zähne. | Jeder Zahn war so groß | wie eine Ananas. |

Nach mühsamen Grabungen | fanden die Forscher mehr Knochen | von Meeresreptilien. |

Weil der Fundort in Norwegen | so ergiebig ist, | werden die Ausgrabungen fortgesetzt. |

Ein Museum wird | zu wichtigen Fundstücken | eine neue Ausstellung organisieren. |

2 Wo werden die Fundstücke ausgestellt? Markiere es im Text.

Der Text enthält Adjektive mit den Nachsilben -ig, -lich, -isch und -sam.

3 **a.** Unterstreiche im Text die Adjektive mit den Nachsilben -ig, -lich, -isch und -sam.
   b. Schreibe die Adjektive in der Grundform in deinem Heft auf.
   c. Markiere -ig, -lich, -isch und -sam.

4 Bilde aus den folgenden Nomen Adjektive mit den Nachsilben -ig oder -lich und schreibe sie in deinem Heft auf.

| der Ärger die Angst das Ende | + lich | die Gewalt das Gift das Salz | + ig |

5 Bilde aus den folgenden Wörtern Adjektive mit den Nachsilben -isch oder -sam und schreibe sie in deinem Heft auf.

der Dieb, der Neid, schweigen, sparen, sorgen, der Sturm, das Telefon, wachen

Wörter mit **-ieren** und **-(t)ion** sind häufig Fremdwörter.
Du musst dir merken, wie sie geschrieben werden.
Wenn du die Bedeutung der Wörter nicht kennst, schlage im Wörterbuch nach.

6 **a.** Im Text steht ein Verb mit der Endung **-ieren**.
Unterstreiche es.
b. Zeichne eine Tabelle in dein Heft.
Trage das Verb ein und ergänze das passende Nomen mit **-tion**.
Schreibe das Nomen mit dem bestimmten Artikel auf.

Starthilfe

Verb mit -ieren	Nomen mit -tion

c. Schreibe die folgenden Verben in die Tabelle und ergänze passende Nomen.

vibrieren, addieren, produzieren, subtrahieren, argumentieren, multiplizieren

7 Was bedeuten die Nomen aus Aufgabe 6?
a. Schlage die Nomen im Wörterbuch nach.
b. Schreibe die Nomen mit Erklärungen in deinem Heft auf.

Ein Nebensatz wird durch eine Konjunktion wie zum Beispiel **als** oder **weil**
mit dem Hauptsatz verbunden (Satzgefüge).

Merkwissen

Der Hauptsatz und der Nebensatz werden durch ein Komma voneinander abgetrennt.
Im Nebensatz steht die gebeugte Verbform an letzter Stelle.
Die Forscher waren begeistert, als sie das Skelett entdeckten.

8 Der Text enthält zwei Sätze mit den Konjunktionen **als** oder **weil**.
a. Schreibe die Satzgefüge ab.
b. Unterstreiche die Hauptsätze und die Nebensätze in verschiedenen Farben.
c. Markiere die gebeugten Verbformen.
d. Kreise die Konjunktion ein und markiere das Komma.

9 **a.** Stelle die Sätze aus Aufgabe 8 um.
Schreibe die umgestellten Sätze in deinem Heft auf.
b. Kreise die Konjunktion ein und markiere das Komma.

10 Schreibe den Text „Urzeittiere" ab.
Beachte die sieben Schritte der Arbeitstechnik „Abschreiben".

Abschreiben
➤ Umschlaginnenseite hinten

2. Trainingseinheit:
Nomen mit -ung, -heit und -keit, Getrenntschreibung bei Wortgruppen, Komma bei Nebensätzen mit dass

1 Lies den Text.

Im Spiegel |

Corinnas Familie | war am Wochenende | in eine neue Wohnung gezogen. |

Alle hatten mitgeholfen und waren zu spät schlafen gegangen. | Daher lag Corinna |

am Montagmorgen um sieben Uhr | noch im Bett. |

Die Mutter wusste aber, | dass sie Corinna | wecken musste. | „Steh bitte |

trotz deiner Müdigkeit auf! | Sonst beginnt dein erster Schultag | mit Verspätung. |

Du hast | am Wochenende | die Gelegenheit, | auszuschlafen." |

Corinna gähnte noch einmal | und ging ins Bad. | Aus Gewohnheit | sah sie zuerst |

in den Spiegel. | Sie fragte sich, | ob es in der neuen Klasse | wohl Schwierigkeiten |

geben könnte. | Plötzlich sprach ihr Spiegelbild: | „Kein Grund zur Sorge, | Corinna. |

Sei einfach du selbst!" | Da wusste Corinna: | Es würde | ein schöner Tag werden. |

2 Was sagt Corinnas Spiegelbild? Schreibe die Sätze ab.

Wörter mit den Nachsilben **-ung**, **-heit** und **-keit** sind Nomen.
Nomen werden großgeschrieben.

Nomen großschreiben
► S. 47–48

3 **a.** Markiere im Text die sechs Nomen mit den Nachsilben **-ung**, **-heit** und **-keit**.
b. Schreibe die Nomen mit Artikel in die Tabelle.

Nomen mit -ung	Nomen mit -heit	Nomen mit -keit

4 **a.** Bilde zu den folgenden Wörtern Nomen mit **-ung**, **-heit** und **-keit**.
Schreibe die Nomen mit Artikel in deinem Heft auf.
b. Kontrolliere mit Hilfe eines Wörterbuchs.

> frei, retten, großzügig, erholen,
> gesund, ängstlich, krank, sauber

58

Wortgruppen schreibst du in der Regel getrennt.

5 Im Text findest du die Wortgruppen **zu spät** und **noch einmal**.

    a. Unterstreiche die Wortgruppen.

    b. Schreibe die Sätze ab und markiere die Wortgruppen.

---

6 Bilde mit den folgenden Wortgruppen eigene Sätze.
Schreibe die Sätze in deinem Heft auf.

> **Starthilfe**
> Dieser Pullover passt mir nicht, er ist viel …

> zu weit, zu klein, allzu wenig,
> gar keine, wie viele, darüber hinaus

Hauptsätze und Nebensätze werden durch Kommas voneinander getrennt.

7 Im Text findest du ein Satzgefüge, das folgendem Satzbild entspricht.

| ? | , **dass** | ? | . |
| Hauptsatz | | Nebensatz | |

    a. Schreibe das Satzgefüge ab.

    b. Kreise die Konjunktion **dass** ein und markiere das Komma.

---

8 Bilde Satzgefüge mit **dass**-Sätzen und schreibe sie auf.

> Ich hoffe, …
> Ich bin mir sicher, …
> Ich wünsche mir, …
> Ich denke, …

9 Schreibe den Text „Im Spiegel" ab.
Beachte die sieben Schritte der Arbeitstechnik „Abschreiben".

Abschreiben
➤ **Umschlaginnenseite hinten**

59

3. Trainingseinheit:
Merkwörter mit h, Wörter ableiten,
Worttrennung

1 Lies den Text.

„Girls' Day und Boys' Day" |

Jedes Jahr findet | in ganz Deutschland | der „Girls' Day" statt. | Dann können sich |

Mädchen über Berufe | informieren, | die oft als typische Berufe | für Männer gelten. |

An vielen Schulen | gibt es mittlerweile | auch einen „Boys' Day". |

Die Jungen können sich | dann auch | mit Berufen beschäftigen, | die eher von Frauen |

5 ausgeübt werden. | Aus Aylins Klasse | meldeten sich | zwölf Mädchen |

für verschiedene Berufe an. | Einige Jungen | interessierten sich | für Pflegeberufe. |

Manche gingen | in verschiedene | Seniorenheime und | informierten sich |

über den Beruf | des Altenpflegers. | Fünf Jungen | besuchten |

verschiedene Krankenhäuser | in der Umgebung. | Aylin fand einen Platz |

10 bei der Feuerwehr. | Ein freundlicher Mitarbeiter | führte sie | überall herum. |

Er zeigte ihr | zum Beispiel, | wie die Schläuche | gereinigt werden. | Sie durfte sogar |

einen Feuerlöscher bedienen. | In ihrem Artikel | für die Schülerzeitung | schreibt sie |

über ihre Erfahrungen: | Am Mittwoch, | dem 25. April, | war ich zum „Girls' Day" |

bei der Feuerwehr. | Ich habe viel | über den ungewöhnlichen Beruf | erfahren. |

15 Besonders gut | finde ich, | dass man dort täglich | Menschen helfen kann. |

Man darf nicht | ängstlich sein. | Es gibt auch | eine Jugendfeuerwehr. | Wer mindestens |

zehn Jahre alt ist, | kann mitmachen. | Das möchte ich | gern ausprobieren, | bevor ich |

mich später | um ein Praktikum | bewerbe. |

2 Was können Mädchen am „Girls' Day" tun? Markiere die Antwort im Text.

In manchen Wörtern steht nach langem Vokal oder Umlaut (**ä, ö, ü**) ein **h**.
Diese Wörter sind Merkwörter.

3 Im Text sind die Merkwörter mit **h** unterstrichen.
Schreibe die Wörter in deinem Heft auf und markiere das **h**.

4 Schreibe die Merkwörter mit **h** nach dem Alphabet geordnet in deinem Heft auf.

> berühmt, die Wahrheit, mehr, sehr, nehmen, ungefährlich, der Verkehr,
> ähnlich, während, fühlen, wählen, die Bahn, erzählen, ihnen, das Jahr

Wörter einer Wortfamilie schreibt man gleich.

5 **a.** Wähle fünf Wörter aus Aufgabe 4 aus. Schreibe ein verwandtes Wort auf.
   b. Markiere jeweils das **h**.

berühmt – der Ruhm

Wörter ableiten ➤ S. 44

Wenn du unsicher bist, ob ein Wort mit **ä** oder **e**, mit **äu** oder **eu** geschrieben wird,
dann hilft dir die Ableitungsprobe.

6 **a.** Schreibe die im Text hervorgehobenen Wörter mit **ä** und **äu** in die Tabelle.
   b. Ergänze verwandte Wörter. Denke bei den Nomen an den Artikel.

Wort mit ä/äu	verwandtes Wort mit a/au
die Männer	der Mann

Sprechsilben helfen dir, wenn du am Zeilenende ein Wort trennen musst.
Achtung: Ein einzelner Vokal am Wortanfang wird nicht getrennt.

7 Finn berichtet über den Boys' Day im Seniorenheim.
   Einige Wörter sind falsch getrennt.
   a. Unterstreiche falsch getrennte Wörter.
   b. Sprich die unterstrichenen Wörter langsam und deutlich.
   c. Schreibe die Wörter Silbe für Silbe mit Trennstrichen auf.

Gestern war ich in einem Seniorenheim und informierte mich über den
Beruf des Altenpflegers. Ich unte-
rhielt mich dort mit den Senioren,
durfte sie in den Essenraum begleiten. Auch danach beim E-
ssen konnte ich helfen. Ein Praktikum dort fände ich interessant.

8 Schreibe den Text „Girls' Day und Boys' Day" ab.
   Beachte die sieben Schritte der Arbeitstechnik „Abschreiben".

Abschreiben
➤ Umschlaginnenseite
hinten

Richtig schreiben

Überprüfe, wie gut du Rechtschreibstrategien und Regeln anwenden kannst.

1 Ergänze die folgenden Sätze.   /3 Punkte

Viele Wörter schreiben wir so, wie wir sie sprechen und hören.

Diese Wörter sind _____ .

Bei manchen Wörtern hörst du nicht, wie du sie schreiben musst.

Rechtschreibhilfen helfen dir, diese _____

richtig zu schreiben.

_____ sind Wörter, deren Schreibweise du

nicht durch Strategien oder Regeln herleiten kannst.

2 Wie gut beherrschst du die Rechtschreibstrategien?   /8 Punkte
Schreibe zu jeder Strategie zwei passende Beispiele auf.

Gliedern in Sprechsilben   _____

Wörter verlängern   _____

Wörter ableiten   _____

Wortbausteine   _____

Welche Strategie hilft dir bei der Schreibung der hervorgehobenen Wörter?

3 Ergänze jeweils die passende Strategie.   /12 Punkte

Der Beruf „Koch"

Es ist gleichgültig , ob er ein Menü oder ein einfaches Gericht kocht:

Der Koch weiß, welche Gewürze (_____) intensiv sind und

wie er alles schonend (_____) zubereitet.

Das Kochen für viele Gäste (_____) muss gut organisiert werden,

damit die vielzähligen (_____) Kunden ihre Speisen im richtigen

Moment auf dem Tisch haben und alles glattläuft (_____).

Gerade am Abend (_____) herrscht in vielen Küchen

hektischer (_____) Betrieb (_____).

Der Koch muss aber trotzdem ruhig bleiben. Neben Geduld (_____)

ist Gelassenheit (_____) in diesem Beruf also eine

wichtige (_____) Eigenschaft (_____).

In dem folgenden Text sind alle Nomen kleingeschrieben.

4 Unterstreiche die Nomen.

/22 Punkte

Sina arbeitet sehr gern im garten mit verschiedenen pflanzen. Schon seit der kindheit

ist das so. Daher macht sie ein praktikum in einem umweltverein. Heute lernt sie

das einpflanzen. „Ich muss sehr behutsam sein, sonst gehen die zarten blüten kaputt."

Sina setzt einen kleinen setzling ins erdreich und deckt ihn sorgfältig zu.

Sina arbeitet mit begeisterung beim verein und bekommt sogar etwas geld dafür.

Sie lernt die pflanzenwelt gut kennen, zum beispiel den zuckerahorn.

Das ist eine baumart, von der man eine flüssigkeit bekommt, die süß und lecker ist.

Sina weiß jetzt auch viel über den löwenzahn, der durch seine schirmchen dafür sorgt,

dass sein samen verbreitet wird. Sie lernt täglich etwas neues und erweitert ihr wissen.

Achtung: Fehler!

5 Woran hast du die Nomen erkannt?
Schreibe die Nomen auf die passenden Linien.

Nomen mit Artikel: _____

_____

Nomen mit Adjektiv: _____

Nomen mit Pronomen: _____

Nomen mit **-heit**, **-keit** oder **-ung**: _____

_____

Nomen mit Präposition, die mit einem Artikel verschmolzen ist: _____

_____

Nomen mit Zahlwort: _____

Nominalisiertes Verb: _____

Nominalisiertes Adjektiv: _____

/22 Punkte

Wie gut beherrschst du die Kommasetzung?

6 In dem folgenden Text fehlen die Kommas. Ergänze sie.

/5 Punkte

Der letzte Schultag

Niklas ist sehr zufrieden mit seinem Zeugnis weil er viele gute Noten hat. Dafür ist er

vor allem seinem Freund Erkan dankbar der mit ihm gelernt hat. Niklas ist froh dass er

Erkan in diesem Schuljahr kennen gelernt hat. Die beiden trafen sich regelmäßig und

lernten dann immer eine Stunde lang für Mathematik Englisch oder Deutsch.

Danach gingen sie noch zum Fußballplatz um sich auszutoben.

Achtung: Fehler!

Gesamt: ___ /72 Punkte

Auswertung ➤ **Lösungsheft**

Wortarten verwenden

Die Wortarten wiederholen

Die folgenden Wortarten kennst du schon.

Nomen: (der) Hut, (das) Kleid, (die) Mütze …

Artikel: der, das, die, ein …

Pronomen: ich, du, er, sie, es, wir, ihr, mein, meine, dein, deine, sein, seine …

Verben: singen, lachen, malen, rechnen …

Adjektive: freundlich, traurig, lieb, groß …

Präpositionen: an, auf, unter, neben, in, hinter, vor, über, zwischen …

1   **a.** Lies den folgenden Text.
     b. Markiere Wortarten, die du erkennst. Wähle für jede Wortart eine Farbe.
     c. Schreibe für jede Wortart mindestens zwei Beispiele auf die Linien oben.

Der neue Mitschüler

Jan ist neu in der 7 b und einsam, weil er noch keinen Freund hat.

In der Pause ist er meist allein. Neulich kam Timo zu ihm.

Ein cooler Typ, findet Jan. Timo macht interessante Sachen,

zum Beispiel tritt er mit seiner Trommelgruppe auf. Jan hat sie

auf dem Stadtfest gesehen, und den Rhythmus ihrer Trommeln konnte

er überall in seinem Körper fühlen. Absolut toll! Morgen wird er Timo

deshalb fragen, ob er da vielleicht mitmachen kann.

2   Kennst du noch eine weitere Wortart?
     Schreibe sie auf und ergänze Beispiele.

Wortart: Nomen

Nomen in vier Fällen

1 Lies den Text.

An der Bushaltestelle

In Timos Klasse ist ein neuer Schüler. Timo findet den Jungen etwas seltsam.
Im Unterricht ist der Junge ganz gut und antwortet der Lehrerin meist richtig.
An der Bushaltestelle steht Jan allein und hört Musik von seinem Handy.
Einmal hat Timo ihn gefragt, was er hört. Da hat Jan seinem Mitschüler den Ohrhörer des Handys gegeben.
Die Musik hat Timo begeistert. Deshalb hat Timo dem Jungen vom Auftritt der Trommelgruppe auf dem Stadtfest erzählt.
Die Lehrerin hat sich darüber gefreut.

2　**a.** Frage nach den farbig hervorgehobenen Nomen.
　　b. Ergänze die Nomen mit Artikel in der Tabelle.

Sprachspeicher

Nominativ – Wer oder was?
Genitiv – Wessen?
Dativ – Wem?
Akkusativ – Wen oder was?

	der	das	die
Nominativ		das Handy	
Genitiv	des Jungen		der Lehrerin
Dativ		dem Handy	
Akkusativ		das Handy	die Lehrerin

3 Im Text „An der Bushaltestelle" sind vier Nomen unterstrichen.
Schreibe die Fragen nach ihnen auf und bestimme ihren Fall.

Wortart: Pronomen

Possessivpronomen verwenden

Die Klasse 7c ist auf Klassenfahrt. Einige waren gestern im Konzert.

1 Lies den folgenden Text.

Maya: „Unser Abend war super. Die Band war umwerfend.
Ihre gute Laune ist einfach ansteckend."
Lejla: „Ja, vor allem der Sänger war toll. Seine Stimme ist genial."
Rebecca: „Mein Bruder behauptet, seine Band sei die beste."
Lejla: „Da übertreibt dein Bruder ein bisschen. Ihr Auftritt
beim Schulfest war gut, aber sein Gesang ist noch nicht perfekt."
Rebecca grinst: „Dafür war euer Gekreische aber ganz schön laut, als er auftrat."

2 **a.** Unterstreiche im Text die Possessivpronomen.
b. Schreibe sie mit den dazugehörigen Nomen auf.
Tipp: Possessivpronomen schreibst du klein.

unser Abend, ihre

Possessivpronomen können Artikel ersetzen.

3 Janik schreibt seinem Freund von der Klassenfahrt.
Ersetze die Artikel durch Possessivpronomen vom Rand.
Tipp: Es gibt mehrere Möglichkeiten.

Hallo Alex, jetzt ist **die** (_____) Zeit hier schon fast vorbei.

Der (_____) Klassenlehrer ist ziemlich nett. Gestern haben wir

einen Filmabend gemacht. Nick hatte **die** (_____) Filme dabei.

Heute Morgen dachte Luisa, sie hätte **das** (_____) Handy verloren.

Zum Glück hatte es aber nur **ein** (_____) Freund eingepackt.

Vielen Dank noch mal für **die** (_____) Taschenlampe.

Ich freue mich auf **ein** (_____) Wiedersehen. Dein Janik

ihr
mein
unsere
unser
seine
deine
meine

4 Wem kann man von der Klassenfahrt schreiben?
a. Schreibe Sätze in deinem Heft auf.
b. Markiere in deinen Sätzen die Possessivpronomen.

Starthilfe

Ich schreibe meiner Mutter …
Wir schreiben …

Demonstrativpronomen verwenden

1 Lies den folgenden Text.

<u>Dieses</u> oder jenes gefällt mir nicht in meinem Zimmer. Ich könnte vielleicht ein Poster an diese Wand hängen – oder doch lieber an jene Wand? Soll ich diesen Rapper auswählen oder besser jenen Spieler, der das Tor im Endspiel geschossen hat? Diese Entscheidungen fallen mir wirklich schwer.

2 Unterstreiche im Text die Demonstrativpronomen und die jeweils zugehörigen Nomen.

3 **a.** Lies die folgenden Sätze.
b. Setze passende Demonstrativpronomen vom Rand ein.

diesem
jenes
jenen
jenen
diesen

Sie sang ihren Hit. Mit _diesem_ Lied hatte sie _____ Wettbewerb

gewonnen, der in ganz Europa ausgestrahlt wurde.

_____ Tag heute vergesse ich genauso wenig wie _____ Tag,

als mein Fahrrad geklaut wurde – _____ Fahrrad, das ich erst kurz zuvor

zum Geburtstag bekommen hatte.

Auch der, das, die können Demonstrativpronomen sein.

? Aufgaben, bei denen ich gestern noch Fehler gemacht habe, habe ich nun verstanden.
Leider ist ? T-Shirt, das ich am liebsten trage, gerade in der Wäsche.
? Weg am Bach entlang ist genauso weit wie ? durch das Wohngebiet.

4 **a.** Schreibe die Sätze ab und ergänze die Demonstrativpronomen.
b. Markiere die Demonstrativpronomen in deinen Sätzen.

_____

_____

_____

_____

_____

_____

5 **a.** Ergänze die folgenden Sätze und schreibe sie in deinem Heft auf.
b. Markiere die Demonstrativpronomen in deinen Sätzen.

Ich mag die Tage, an denen …   Ich bewundere die Stars, die …

Wortart: Adjektive

Mit Adjektiven genau beschreiben

Wie ist Lilli? Im Text wird sie mit Adjektiven beschrieben.

1 Lies den folgenden Text.

Gestern bekam Kira in der Schule eine Tischnachbarin. Sie hieß Lilli und hatte ein fröhliches Gesicht. Im Unterricht war Lilli sehr konzentriert. Und in der langen Pause antwortete sie auf Kiras Fragen. Ihre leise Stimme fand Kira sehr sympathisch. Lilli erzählte vom Umzug in die kleine Stadt und von dem alten Haus, in dem sie jetzt wohnten.
„Vermisst du deine Freunde?", fragte Kira. Lillis Gesicht wurde weich.
„Ich bin unglücklich, weil ich sie nicht mehr sehe! Sie waren wichtig für mich."

2 Mit welchen Adjektiven wird Lilli beschrieben? Unterstreiche sie im Text.

3 Wie wirkt die neue Tischnachbarin wohl auf Kira?
Schreibe zwei Sätze auf.

_____

_____

Mit anderen Adjektiven ändert sich die Aussage eines Textes.

4 Schreibe zu den Adjektiven aus dem Text das Gegenteil auf.

fröhlich – _____   konzentriert – _____

lang – _____   leise – _____

sympathisch – _____   klein – _____

alt – _____   weich – _____

unglücklich – _____   wichtig – _____

glücklich
groß
hart
kurz
laut
neu
traurig
unkonzentriert
unsympathisch
unwichtig

5 Schreibe den Text mit den gegenteiligen Adjektiven in deinem Heft auf.

6 Wie wirkt Lilli wohl jetzt auf Kira?
Schreibe Sätze in deinem Heft auf.

Starthilfe

Ich finde Kira ... Besonders ihre ... wirkt auf mich ...

Sprachspeicher
seltsam
kühl
unfreundlich
abstoßend

Adjektive steigern

Die Klasse 7 b will sich in der Schülerzeitung mit einer lustigen Starparade vorstellen.
Darüber hat die Klasse abgestimmt. Die Ergebnisse siehst du in der Tabelle.

1 Lies die Tabelle.

	Platz 3 – Bronze	Platz 2 – Silber	Platz 1 – Gold
sportlich:	Juri	Jasmin	Milan
laut:	Chiara	Sarah	Alex
nett:	Jenni	Sofie	Marc
witzig:	Pascal	Carolin	Elena
stark:	Matteo	Tobi	Tarik

Mit gesteigerten Adjektiven kannst du Personen miteinander vergleichen.

2 Schreibe mit den Adjektiven aus der Tabelle und ihren Steigerungsformen Sätze.

Juri ist sportlich, Jasmin ist sportlicher, Milan ist am sportlichsten.

3 Vergleiche die Schüler auf Platz 2 und Platz 3.
Schreibe Sätze mit **als** in deinem Heft auf.

Starthilfe

Jasmin ist sportlicher als Juri. ...

4 Welche Bedeutung haben die drei Plätze der Tabelle?
Vergleiche Platz 1, Platz 2 und Platz 3 miteinander.

Platz 3 (Bronze) ist gut, Platz 2 (Silber) ist _____ ,

Platz 1 (Gold) ist _____ .

Adjektive im richtigen Fall verwenden

Merkwissen

Mit Adjektiven (Eigenschaftswörtern) kann man Personen, Tiere oder Gegenstände genauer beschreiben. Steht das Adjektiv vor einem Nomen, verändert sich die Endung:
Das Hemd ist rot. Aber: ein rotes Hemd

Wie stellen sich Mariam und Sofie ihre Traumjungen vor?

1 Lies das Gespräch.

Der Junge sollte ein netter Typ sein. Wenn er mit mir verabredet ist, kann er ruhig auch mal einem engen Freund absagen. Es wäre schön, wenn er ein hübsches Gesicht hätte. Vor allem aber sollte er eine gute Meinung von Mädchen haben.

Mariam

Mein Traumjunge sollte einer echten Freundschaft eine Chance geben. Er darf einem ernsten Gespräch nicht ausweichen. Ein tolles Aussehen oder eine besondere Größe sind für mich nicht so wichtig. Aber einen schlechten Charakter darf er auf keinen Fall haben.

Sofie

2 In welchem Fall stehen die unterstrichenen Wortgruppen?
a. Schreibe die Wortgruppen in die richtigen Spalten und Zeilen der Tabelle.
b. Markiere jeweils die Endungen der Adjektive.

	der	das	die
Nominativ	ein	ein	eine
Dativ			
Akkusativ			

Wie stellst du dir deinen Traumpartner oder deine Traumpartnerin vor?

3 Ergänze die Sätze mit Wortgruppen im angegebenen Fall.
Du kannst die Wortgruppen aus Aufgabe 2 oder eigene Wortgruppen verwenden.

Ich stelle mir _____
      Akkusativ

mit _____ vor.
   Dativ

_____ ist für mich nicht so wichtig.
  Nominativ

Wortgruppen mit Possessivpronomen und Adjektiven verwenden

Vor einem Nomen mit einem Adjektiv kann ein Possessivpronomen stehen.
In diesem Fall verändern sich Possessivpronomen und Adjektiv.

1 Noah erzählt, was ihm an seiner Freundin Maja gefällt. Lies die Sätze.

Vor allem mag ich ihren tollen Humor.
Ganz besonders gefällt mir ihr strahlendes Lächeln.
Ihre große Offenheit macht sie überall beliebt.
Und ihrem scharfen Verstand entgeht nichts: Als jemand
mein neues Fahrrad beschädigte, fand sie heraus, wer es war.
Maja gefällt auch meiner großen Familie sehr gut.
Sogar mein kleiner Bruder hat sie gern.
Und meine strenge Tante findet
ihre gute Laune ansteckend.

2 In welchem Fall stehen die markierten Wortgruppen?
  a. Schreibe die Wortgruppen mit dem Possessivpronomen **mein**
  in die richtigen Spalten und Zeilen der ersten Tabelle.
  b. Schreibe die Wortgruppen mit dem Possessivpronomen **ihr**
  in die richtigen Spalten und Zeilen der zweiten Tabelle.
  c. Markiere in den Tabellen die Endungen der Possessivpronomen und der Adjektive.

	der	das	die
Nominativ			
Dativ			
Akkusativ		*mein neues Fahrrad*	

	der	das	die
Nominativ			
Dativ			
Akkusativ	*ihren tollen Humor*		

3 Vervollständige die Tabellen mit eigenen passenden Wortgruppen.

4 Ein Mädchen sagt die Sätze aus Aufgabe 1 über einen Jungen.
Schreibe die Sätze in deinem Heft auf.
Tipp: Du musst auch einige Personalpronomen
und den Namen verändern.

Starthilfe
Vor allem mag ich
seinen tollen Humor. …

Nomen, Pronomen und Adjektive verwenden

1 Lies den folgenden Text.

Die Schülerinnen und Schüler der Klasse 7 b trainieren für den Sponsorenlauf.
Die Einnahmen des Laufs sind für einen guten Zweck bestimmt.
Die Sponsoren zahlen den Schülern pro Runde einen Euro.
Deshalb wollen alle möglichst viele Runden schaffen.

2 **a.** Frage nach den hervorgehobenen Nomen.
b. Ordne die Nomen den Fällen zu und schreibe sie auf.

Nominativ: _____

Genitiv: _____

Dativ: _____

Akkusativ: _____

/4 Punkte

3 **a.** Lies die folgenden Sätze.
b. Setze passende Possessivpronomen ein.

Paula sucht _____ Sporttasche. Auch _____ Sponsorenvertrag findet sie nicht.

Paulas Bruder ruft: „_____ Vertrag liegt auf _____ Schreibtisch.

Außerdem kannst du _____ Sporttasche ausleihen."

/5 Punkte

4 **a.** Lies die folgenden Sätze.
b. Setze passende Demonstrativpronomen ein.

_____ Sporttasche gefällt mir besser als _____ .

_____ liegt an den schönen Farben. Wem _____ wohl gehört?

/4 Punkte

5 Die Schulsachen der Schülerinnen und Schüler kann man vergleichen.
Schreibe Sätze auf. Verwende die Adjektive und ihre Steigerungen.

/9 Punkte

groß

1   2   3

Sporttasche 1 ist _____
_____
_____

lang

1   2   3

Lineal 1 ist _____
_____

dick

1   2   3

Portfolio 1 _____
_____

Gesamt: [ ] /22 Punkte

Auswertung ▶ **Lösungsheft**

72

Wortart: Verben

Zeitformen wiederholen

Du kennst bereits diese Zeitformen von Verben:
Präsens, Präteritum, Perfekt, Plusquamperfekt und **Futur.**

1 In welcher Zeitform stehen die folgenden Sätze? Schreibe es auf.

Endlich hatte Felix Till gefunden. _____

Ich fand euer Spiel super! _____

Interessierst du dich für unseren Verein? _____

Hast du schon einmal Fußball gespielt? _____

Du wirst sicher bald zu unserer Mannschaft gehören. _____

Nach dem Fußballspiel unterhalten sich Felix und Till.

⊙ **2** **a.** Lies die folgenden Sätze.
    b. Unterstreiche die Verben im Präsens.
    Tipp: Achte auf die trennbaren Verben. Im Präsens stehen die Verbteile auseinander.

„Ich spiele gern Fußball. Am liebsten stehe ich im Tor.

Dort bin ich richtig gut. Sogar einen Elfmeter halte ich hin und wieder ab."

3 **a.** Lies die folgenden Sätze.
    b. Setze die passenden Verbformen im Präsens ein.

„Das _____ sich gut _____. Wir _____ einen Torwart.

anhören
brauchen
anschauen

Unser Trainer _____ sich dein Können gern _____."

Felix wird Mitglied in Tills Fußballmannschaft. Wie kam es dazu?

⊙ **4** **a.** Lies den folgenden Text.
    b. Unterstreiche die Verben im Präteritum.
    Tipp: Achte auf die trennbaren Verben. Im Präteritum stehen die Verbteile auseinander.

Ich freundete mich mit Till an. Am nächsten Tag nahm er mich mit

zu seiner Mannschaft und ich verstand mich sofort mit allen.

Der Trainer spielte mir ein paar Bälle zu und ich schoss sie problemlos zurück.

5 **a.** Lies die folgenden Sätze.
    b. Setze die passenden Verbformen im Präteritum ein.
    Tipp: Unregelmäßige Verben kannst du im Wörterbuch nachschlagen.

gehen
finden
spielen

Von nun an _____ ich jeden Donnerstag zum Training. In der Mannschaft

_____ ich viele Freunde. Samstags _____ wir oft ein Turnier.

Felix erzählt seinem Bruder von dem Ereignis. Dabei verwendet er das Perfekt.

6 **a.** Schreibe den Text von Aufgabe 4 im Perfekt in deinem Heft auf.
   b. Unterstreiche die Verben im Perfekt.

> **Starthilfe**
>
> Ich habe mich mit Till angefreundet. …

7 Schreibe mit den folgenden Wortgruppen Sätze im Perfekt in deinem Heft auf.

| Am letzten Wochenende | wir | Pokal gewinnen |
| In der letzten Minute | Till | Tor schießen |

Bevor Felix Mitglied der Fußballmannschaft wurde, hatte er keine Freunde.

8 **a.** Lies den folgenden Text.
   b. Unterstreiche die Verben im Plusquamperfekt.

Felix hatte sich Freunde gewünscht. Nachmittags war er oft zum Bolzplatz gegangen.

Aber dort war er allein herumgesessen. Seine Eltern hatten davon nichts bemerkt.

9 **a.** Lies die folgenden Sätze.
   b. Setze die passenden Verbformen im Plusquamperfekt ein.

Felix _____ sich einsam _____.

Er _____ auch nicht gern zur Schule _____.

In der Pause _____ er niemanden zum Reden _____.

Marc findet Lisa nett. Er überlegt, wie er sich mit ihr anfreunden kann.

10 **a.** Lies den folgenden Text.
   b. Unterstreiche die Verben im Futur.

Ich werde morgen nach der Schule auf Lisa warten. Auf dem Weg zur Bushaltestelle

werde ich sie ansprechen. Vielleicht werden wir im Bus nebeneinander sitzen.

Dann werde ich sie zu einem Eis einladen.

11 **a.** Lies die folgenden Sätze.
   b. Setze die passenden Verbformen im Futur ein.

Lisa _____ sich bestimmt _____.

Wir _____ viel Spaß zusammen _____.

Bald _____ ich sie auch zu meinen Freunden _____.

12 Was wirst du in nächster Zeit mit Freunden unternehmen?
   Schreibe mindestens drei Sätze in deinem Heft auf.

> **Starthilfe**
>
> Ich werde …

Sprachspeicher

hat (mich) …
mitgenommen

habe (mich) …
verstanden

hat … zugespielt

habe …
zurückgeschossen

fühlen
gehen
haben

freuen
haben
mitnehmen

Das Futur II verwenden

Die Theater-AG probt für eine Aufführung in zwei Monaten.

1 Lies den folgenden Text.

Der AG-Leiter macht den Schülerinnen und Schülern Mut:

„Bis zum Auftritt <u>werden</u> wir das Stück gut <u>einstudiert haben</u>.

Ihr werdet das nötige Vertrauen in eure Fähigkeiten gefunden haben.

Jeder von euch wird seine Rolle auswendig gelernt haben.

Das Bühnenbild wird toll gestaltet sein. Wir werden alles gut organisiert haben."

2 Unterstreiche im Text die Verbformen im Futur II.

3 **a.** Wandle die folgenden Sätze ins Futur II um und schreibe sie auf.
b. Unterstreiche die Verbformen in deinen Sätzen.

Caspar tritt als Erster auf.

Caspar <u>wird</u> als Erster <u>aufgetreten sein</u>.

Frederic und Kathi verkaufen in der Pause Getränke.

Die Aufführung begeistert die Zuschauer.

Eine Mitschülerin bedankt sich beim AG-Leiter.

Die Schülerinnen und Schüler gehen zufrieden nach Hause.

Die Anspannung ist von ihnen abgefallen.

4 Was wirst du selbst in zwei Monaten erlebt haben?
a. Bilde drei Sätze im Futur II und schreibe sie in deinem Heft auf.
b. Unterstreiche die Verbformen.

Den Konjunktiv I verwenden

Joey berichtet in einem Internetforum über ein Fußballspiel in der Nordschule.

1 Lies den folgenden Text.

Ronnis große Stunde

Nach dem spannenden Fußballspiel konnte ich mit zwei begeisterten Zuschauern

sprechen. Mara sagte, dass Ronni die Mannschaft gerettet habe.

Er habe nämlich ein unglaubliches Siegertor geschossen. Ronni habe sogar

den starken Stürmer der Gegenmannschaft ausgetrickst. Von Ergün erfuhr ich,

dass Ronni echtes Talent bewiesen habe. Das habe der Trainer vorher gar nicht erkannt.

2 Was haben Mara und Ergün gesagt?
Joey gibt ihre Aussagen im Konjunktiv I mit **haben** wieder.
Unterstreiche im Text alle Verbformen im Konjunktiv I.

Auch Ronni selbst spricht mit Joey. Anschließend berichtet Joey im Forum darüber.

Ronni erzählt:
„Ich sah den Angriff des Stürmers.
Da verwickelte ich ihn in einen Zweikampf.
Dann stand ich frei und schoss aufs Tor."

Joey schreibt auf, was er
von Ronny erfahren hat:
Ronni habe den Angriff
des Stürmers gesehen. Da habe er ...

3 **a.** Unterstreiche in Ronnis Aussagen die Verbformen.
b. Schreibe sie zusammen mit dem Personalpronomen links in die Tabelle.

4 Joey berichtet im Konjunktiv I mit **haben**.
a. Ergänze die Verbformen mit dem richtigen Personalpronomen rechts in der Tabelle.
b. Schreibe dann in vollständigen Sätzen in deinem Heft auf, was Joey berichtet.

Starthilfe

Ronni erzählte, er habe den Angriff des Stürmers gesehen. Da habe er ...

Ronnis Aussagen	Joeys Wiedergabe im Konjunktiv I mit haben
ich sah	Ronni habe gesehen

Ronni spricht nach dem Spiel mit dem Trainer und erzählt es später zu Hause.

Der Trainer sagt:

„Du bist heute zu großer Form

aufgelaufen.

Bei deinem Tor bin ich vor Freude

in die Luft gesprungen.

Jetzt ist mir erst aufgefallen,

wie gut du spielst!“

Ronni erzählt, was der Trainer gesagt hat:

„Ich sei heute zu großer Form aufgelaufen.

Bei meinem Tor sei er ...“

5 **a.** Unterstreiche in der Aussage des Trainers die Verbformen.
   b. Schreibe sie zusammen mit den richtigen Personalpronomen links in die Tabelle.

6 Ronni erzählt im Konjunktiv I mit **sein**.
   a. Ergänze die Verbformen mit dem richtigen Personalpronomen rechts in die Tabelle.
   b. Schreibe dann in vollständigen Sätzen in deinem Heft auf,
      was Ronni zu Hause erzählt.

> **Starthilfe**
>
> „Der Trainer sagt, ich sei heute zu großer Form aufgelaufen.
> Bei meinem Tor sei er ...“

Aussagen des Trainers	Ronnis Wiedergabe im Konjunktiv I mit sein
du bist aufgelaufen	*ich sei aufgelaufen*

Joey kann auch noch Robert und Anna zu dem Spiel befragen.

7 Lies die folgenden Sätze.

Anna: „Unsere Mannschaft hat doch den Sieg schon fast in der Tasche gehabt!
         Aber dann hat Ronni das entscheidende Tor geschossen!“
Robert: „Er ist aber auch sehr schnell gerannt.“
Anna: „Ja, leider. Unser Nico ist einfach nicht mitgekommen.“

8 Joey gibt das Gespräch in seinem Forum in indirekter Rede wieder.
   Ergänze den Lückentext. Verwende den Konjunktiv I.

Anna sagte, ihre Mannschaft _____ den Sieg schon fast in der Tasche

_____. Aber dann _____ Ronni das entscheidende Tor

_____. Robert meinte, er _____ aber auch sehr schnell _____.

Anna erzählte, ihr Nico _____ einfach nicht _____.

Das Passiv im Präsens verwenden

Papier wird nicht nur aus Holz hergestellt.

1 Welches Bild passt jeweils zu den einzelnen Schritten in der Fabrik?
   a. Sieh dir die Bilder an.
   b. Lies den folgenden Text.
   c. Trage in die Kästchen die passenden Buchstaben der Bilder ein.
   Die Buchstaben ergeben ein Lösungswort.
   Schreibe es auf.

In einer besonderen Papierfabrik

☐ Zuerst wird frischer Elefantendung eingesammelt und getrocknet.

☐ Der getrocknete Dung wird dann lange mit Wasser gespült.
So werden die Pflanzenfasern gewonnen.

☐ Diese groben, geruchlosen Fasern werden gekocht.

☐ Die Masse wird auf einem Sieb in einem Holzrahmen verteilt.

☐ Der Rahmen wird zum Trocknen in die Sonne gestellt.

☐ Zum Schluss wird das Papier vom Rahmen abgezogen und zu Karten,
Heften oder Schachteln verarbeitet.

Lösungswort: _____

In der Fabrik werden viele Arbeitsschritte erledigt, damit Papier entsteht.

⊙ **2** Was genau wird in der Fabrik alles getan?

　　a. Im Text sind schon Verbformen unterstrichen.
　　　　Unterstreiche alle weiteren Verbformen.

　　b. Schreibe die Verbformen mit Personalpronomen vollständig auf.

er wird eingesammelt, er wird _____

_____

_____

_____

_____

Aus Elefantendung werden viele Bogen handgeschöpftes Papier hergestellt.

3 **a.** Lies die folgenden Sätze.

　　b. Setze passende Verbformen im Passiv ein.

| machen |
| liefern |
| fertigen |

Aus Tiermist _____ Papierbogen _____.

Der Rohstoff für 100 Bogen Papier _____ täglich

von nur einem Elefanten _____.

Das Besondere dabei: Jeder Papierbogen _____ einzeln

mit der Hand _____.

● **4** Was wird mit dem Papier anschließend gemacht?
　　Welche Vorteile hat es?

　　a. Schreibe mit den folgenden Wörtern und Wortgruppen Sätze im Passiv auf.

　　b. Markiere in deinen Sätzen die Verbformen im Passiv.

| Das Papier
Die Masse
Die fertigen Produkte
Bunte Perlen
Aus den Perlen | wird

werden | an die Touristen
mit Naturfarben
bis nach Deutschland
aus diesem Papier
hübsche Ketten | verkauft.
gefärbt.
hergestellt.
gemacht. |

Das Papier **wird** *an die Touristen* _____

_____

_____

_____

_____

_____

_____

Die Zeitformen der Verben anwenden

1 Lies den folgenden Text.

Wieder ein Müller

Thomas Müller ist ein weltberühmter Torschützenkönig.

Vor der Fußballweltmeisterschaft 2010 kannten allerdings viele Trainer der anderen

Nationalmannschaften diesen Thomas Müller überhaupt nicht.

Es hat schon einmal einen Torschützen namens Müller gegeben.

5 Aber dieser Gerd Müller war bereits 1967 und 1969 Torschützenkönig

der Bundesliga gewesen, bevor er sich 1970 auch bei der Weltmeisterschaft in Mexiko

mit zehn Treffern die Torjägerkrone holte.

Thomas Müller wurde erst 1989 geboren. Mit einem Alter von 30 Jahren hat er

den Höhepunkt seiner Karriere als Profifußballer eigentlich erreicht. Bestimmt wird er

10 aber für seine Mannschaft noch viele Tore schießen. Schon heute steht fest,

dass er wie sein Vorgänger als Star in die Geschichte des Fußballs eingehen wird.

Und vielleicht sitzt schon ein weiterer Müller in den Startlöchern

zum gefürchteten Torjäger.

2 **a.** Unterstreiche alle Verbformen im Text.
b. Ordne die Verbformen den Zeitformen zu und schreibe sie auf.
c. Ergänze zu jeder Verbform den Infinitiv.

☐ / 11 Punkte

Präsens	Infinitiv

Präteritum	Infinitiv

Perfekt	Infinitiv

Plusquamperfekt	Infinitiv

Futur	Infinitiv

3 **a.** Übertrage den folgenden Satz in diese Zeitformen:
Perfekt, Präteritum, Plusquamperfekt und Futur.
Schreibe die Sätze in deinem Heft auf.
b. Markiere in deinen Sätzen die Verbformen.

☐ / 8 Punkte

In Deutschland gibt es einige herausragende Fußballer.

Gesamt: ☐ / 19 Punkte

Auswertung ▶ **Lösungsheft**

Das Passiv und den Konjunktiv I verwenden

Das Passiv beschreibt, was mit einer Person oder einem Gegenstand getan wird.

1 Ergänze den Merksatz.   /1 Punkt

Das Passiv bildet man mit dem _____ .

2 Ergänze im folgenden Text die Verbformen im Passiv.   /12 Punkte

Bei einem Lagerfeuer _____ die Feuerstelle nach bestimmten Regeln

_____ (einrichten). Die Feuerstelle _____ am besten

mit Steinen _____ (einrahmen). Holzstücke und andere

brennbare Materialien _____ _____ (sammeln).

Sorgfältig _____ das Brennmaterial in der Feuerstelle

_____ (aufschichten).

Bei dickerem Holz _____ am besten nur sehr trockene Stücke

_____ (verwenden).

In einem Lagerfeuer _____ kein Müll _____ (verbrennen).

Die Aussagen anderer gibt man mit der indirekten Rede wieder.

3 Ergänze den Merksatz.   /1 Punkt

Bei der indirekten Rede verwendet man den _____ .

4 Ergänze die Personalformen der Verben im Konjunktiv I.   /8 Punkte

Nick sagte, das Lagerfeuer _____ (sein) bald _____ (erlöschen).

Ronja erwiderte, Tom _____ (haben) schon Holz _____ (suchen).

Nick bemerkte, die Parallelklasse _____ (sein) gerade

_____ (ankommen).

Ronja antwortete, ihre Fahrt _____ (haben) aber lange _____ (dauern).

5 **a.** Wandle die wörtliche Rede in indirekte Rede um.   /4 Punkte
   b. Markiere die Verbformen im Konjunktiv I.

Tom rief: „Ich habe viel Holz gefunden."
Ronja sagte: „Ich bin schon fast erfroren."

_____

_____

Gesamt: /26 Punkte

Auswertung ➤ **Lösungsheft**

Präpositionen mit Nomen im Dativ

Merkwissen

Nach den Präpositionen **mit**, **bei**, **von**, **aus**, **nach** und **zu** steht das Nomen immer im Dativ mit dem Artikel dem/einem, dem/einem, der/einer.

Nina hat sich verliebt. Sie fährt zu einer Geburtstagsparty.

1 Lies den folgenden Text.

Nina fährt mit der Straßenbahn. Sie feiert gern bei einem Freund.

Besonders viele Komplimente bekommt sie von dem Jungen, den sie sehr mag.

Nach dem Fest lächelt sie glücklich, denn Erkan begleitet sie zu der Haltestelle.

2 Im Text sind Präpositionen mit Nomen im Dativ hervorgehoben. Schreibe die Wortgruppen aus Präposition, bestimmtem Artikel und Nomen auf.
Ergänze dabei jeweils das Verb im Infinitiv.

mit der Straßenbahn fahren, _____

_____

_____

Auch Juri hatte eine aufregende Begegnung.

3 **a.** Lies die Wortgruppen am Rand.
   b. Ergänze die folgenden Sätze mit passenden Wortgruppen.
   c. Markiere die Präpositionen und die Nomen im Dativ mit ihren Artikeln.

Juri möchte pünktlich _____ sein.

Im Bus erzählt er seiner Sitznachbarin _____.

Sie lacht, denn sie will auch _____.

Juri steigt zusammen mit dem Mädchen _____.

Sie verabredet sich mit ihm _____.

von der Band

nach der Veranstaltung

zu dem Konzert

bei dem Konzert

aus dem Bus

4 **a.** Schreibe mit jeder Wortgruppe einen Satz in deinem Heft auf.
   b. Markiere in deinen Sätzen die Wortgruppen mit Präposition.

sich mit den Jungen treffen	mit dem Bus fahren
nach dem Kino telefonieren	zu der Haltestelle gehen
von einer Verabredung erzählen	bei der Heimfahrt singen

Präpositionen mit Nomen im Akkusativ

Merkwissen

Nach den Präpositionen **durch**, **gegen**, **für**, **ohne** und **um** steht das Nomen immer im Akkusativ mit dem Artikel den/einen, das/ein, die/eine.

Erkan hat Geburtstag. Seine Freundin Nina will ihm eine Freude machen.

1 Lies den folgenden Text.

Nina sucht ein Geschenk für einen Freund.

Lange geht sie durch die Stadt und findet nichts Passendes.

Dann biegt sie um die Ecke. In einem Laden entdeckt sie

eine CD von Erkans Lieblingsband.

Nichts spricht gegen die CD, sie wird Erkan sicher gefallen.

2 Im Text sind Präpositionen mit Nomen im Akkusativ hervorgehoben. Schreibe die Wortgruppen aus Präposition, bestimmtem Artikel und Nomen auf.
Ergänze dabei jeweils das Verb im Infinitiv.

für einen Freund suchen, _____

_____

3 a. Lies die Wortgruppen am Rand.
b. Ergänze die folgenden Sätze mit passenden Wortgruppen.
c. Markiere die Präpositionen und die Nomen im Akkusativ mit ihren Artikeln.

gegen die Verpackung
für die Party
durch die Form
ohne den Kassenbon
gegen die CD

Nina verpackt das Geschenk _____.

Auf der Feier klopft Erkan _____.

Dass es eine CD ist, erkennt er _____.

Leider hat er die CD schon. Aber im Laden bekommt er

einen Gutschein im Austausch _____.

Das funktioniert allerdings nicht _____.

Manchmal steht zwischen der Präposition und dem Nomen ein Possessivpronomen.

4 a. Schreibe mit jeder Wortgruppe einen Satz in deinem Heft auf.
b. Markiere in deinen Sätzen die Wortgruppen mit Präposition.

für ihren Freund singen   durch sein Zimmer tanzen   ohne sein Geschenk kommen

Satzglieder verwenden

Subjekt, Prädikat und Objekt wiederholen

Du kennst bereits die Satzglieder Subjekt und Prädikat.

1 Lies den folgenden Text.

Die Klasse 7 c plant drei spannende Projekte. Dorina schlägt ein Zirkusprojekt vor. Sie wartet aufgeregt auf das Interview mit einem Zauberer. Die Waldprojekt-Gruppe plant einen Ausflug in den Stadtwald. Timo und Sina gehören zur Gruppe Krimiwerkstatt. Die Gruppe ruft bei einer Polizeidienststelle an.

2 **a.** Frage nach den Subjekten.
Schreibe die Fragen und die Antworten auf.
b. Kennzeichne das Subjekt im Text so: ⬠.

Wer plant drei spannende Projekte? die Klasse 7c

3 **a.** Frage nun in den Sätzen nach den Prädikaten.
Schreibe die Fragen und die Antworten auf.
Tipp: Einige Prädikate bestehen aus mehreren Teilen.
b. Kennzeichne das Prädikat im Text so: ⬭.

Was tut die Klasse 7c? Sie plant.

Du kennst bereits die Objekte.

4 Lies die folgenden Sätze.

1. Ein Clown zeigte den Schülerinnen und Schülern den Zirkus.

2. Sie besichtigten auch einen Wohnwagen.

3. Dort begegneten sie dem Zauberer.

4. Der Zauberer zeigte den Besuchern einige Tricks.

5. Der Zauberer erklärte ihnen ein paar tolle Tricks genauer.

6. Er bediente sich dabei seines Zauberstabes.

7. Alle sahen ihm aufmerksam zu.

8. Das junge Publikum gefiel dem Zauberer gut.

5 **a.** Frage nach den Akkusativobjekten , nach dem Genitivobjekt und
   nach den Dativobjekten .
   Schreibe die Fragen und die Antworten in deinem Heft auf.
   b. Kennzeichne die Objekte mit unterschiedlichen Farben.

> **Starthilfe**
> Was zeigte ein Clown den Schülerinnen und Schülern? den Zirkus ...

Durch Umstellungen kannst du Satzanfänge abwechslungsreicher gestalten.

6 Stelle die Objekte in den Sätzen von Aufgabe 4 um:
Beginne Satz 1, Satz 2, Satz 4 und Satz 5 mit dem Akkusativobjekt.
Beginne Satz 7 und Satz 8 mit dem Dativobjekt.

1. Den Zirkus _____

_____

2. _____

4. _____

_____

5. _____

_____

7. _____

8. _____

7 **a.** Bilde eigene Sätze mit Subjekt, Prädikat, Akkusativobjekt und Dativobjekt.
   Schreibe die Sätze in deinem Heft auf.
   b. Kennzeichne alle Satzglieder.

die Schüler die Schautafeln der Förster	stellen zeigen liefern	die Klasse die Lehrerin die Besucher	eine Frage viele Informationen der Wald

Die adverbialen Bestimmungen

Auch die Gruppe Krimiwerkstatt hat mit der Arbeit begonnen.

1 Der folgende Text enthält acht adverbliche Bestimmungen des Ortes und der Zeit.
   a. Lies den Text.
   b. Frage nach der adverbialen Bestimmung des Ortes.
   Frage nach der adverbialen Bestimmung der Zeit.
   Schreibe die Fragen und die Antworten auf.
   c. Kennzeichne die adverbialen Bestimmungen im Text.

Zur gleichen Zeit trifft sich die Projektgruppe Krimiwerkstatt in einer Bibliothek.

Die Bibliothekarin stellt ihnen im Leseraum die neuesten Krimis vor.

Die Buchvorstellung dauert zwei Stunden. Danach wollen die Schülerinnen und

Schüler noch einen echten Kommissar kennen lernen. Sie sind um 13:00 Uhr

mit ihm in der Dienststelle verabredet. Der Kommissar hat aber keine Zeit.

Deshalb kann sich die Gruppe erst am nächsten Tag mit ihm treffen.

Wann trifft sich die Projektgruppe? zur gleichen Zeit

Am Ende der Projektwoche werden die Ergebnisse ausgewertet.

2 **a.** Lies den folgenden Text.
     b. Die adverbialen Bestimmungen sind markiert.
        Frage mit **Warum?** nach der adverbialen Bestimmung des Grundes.
        Frage mit **Wie?** nach der adverbialen Bestimmung der Art und Weise.
        Schreibe die Fragen und die Antworten auf.

Die einzelnen Gruppen treffen sich zur Auswertung.

Die Gruppensprecher stellen die Ergebnisse ausführlich vor.

Aufmerksam hören die anderen Gruppenmitglieder zu.

Wegen der vielen Projekte dauert die Auswertung lange.

Doch alle Schülerinnen und Schüler bleiben motiviert bei der Sache.

Zufrieden verkündet die Lehrerin das Ende der Projektwoche.

Warum treffen sich die einzelnen Gruppen? zur Auswertung

3 **a.** Lies die folgenden Sätze.
  ◉ **b.** Markiere die adverbialen Bestimmungen des Ortes und der Zeit
        in verschiedenen Farben.
  ● **c.** Füge passende adverbiale Bestimmungen des Grundes und der Art und Weise ein.
        Schreibe deine Sätze auf.

Die Schülerinnen und Schüler gehen nach Hause.
Alle haben in den letzten Tagen viel geforscht.
Nächstes Jahr soll die Projektwoche wieder stattfinden.
Sina und Zerdest denken sich nachmittags schon neue Projektideen aus.

Subjektsatz und Objektsatz

Die Schülerinnen und Schüler haben viele Ideen für neue Projekte.

1 **a.** Lies die Sätze.

b. Frage mit **Wer?** oder **Was?** nach den Subjekten.
Schreibe die Fragen und die Antworten auf.

c. Kennzeichne den Subjektsatz jeweils so: ⬠.

Dass die Projektwoche wiederholt wird, freut alle Schülerinnen und Schüler.

Dass jeder Ideen für neue Projekte einbringen kann, motiviert sie.

Gustav ärgert, dass sein Vorschlag keine Zustimmung findet.

Was freut alle Schülerinnen und Schüler? Dass

2 **a.** Lies die Sätze.

b. Frage mit **Wen?** oder **Was?** oder mit **Wem?** nach den Objekten.
Schreibe die Fragen und die Antworten auf.

c. Kennzeichne den Objektsatz jeweils so: ▭.

Tom hofft, dass es ein Projekt zum Thema Mittelalter gibt.

Annika wünscht sich, dass dann mittelalterliche Speisen gekocht werden.

Ebrar verkündet, dass sie wieder Gruppensprecherin werden möchte.

Was hofft Tom? Dass

3 **a.** Bestimme in den folgenden Sätzen, ob es sich bei den Nebensätzen
um einen Subjektsatz oder einen Objektsatz handelt.

b. Markiere Subjektsatz und Objektsatz unterschiedlich.

Die Schülerinnen und Schüler erfahren, dass ein Umweltprojekt geplant ist.
Die Lehrerin sagt, dass sie beim Naturschutzbund nach Informationen gefragt hat.
Dass sie noch keine Antwort erhalten hat, wundert sie aber.

Satzglieder kennen und verwenden

1 **a.** Lies die folgenden Sätze.
   b. Kennzeichne jeweils das Subjekt so: ⌂.
   c. Kennzeichne jeweils das Prädikat so: ◯.
   d. Kennzeichne die Objekte so: ☐.
   e. Ordne die Objekte unten richtig zu.

Nach der Projektwoche sammeln die Schülerinnen und Schüler neue Ideen.

„Vielleicht besuchen wir auch mal ein Abenteuer-Camp?" Die Lehrerin findet

die Idee prima. Sie bittet Timo, zu recherchieren. Sina hilft ihm dabei. Die beiden

entdecken im Internet ein tolles Abenteuer-Camp. Timo zeigt es der Lehrerin.

Er will noch weiter recherchieren. Sinas Hilfe ist er sich dabei sicher.

Akkusativobjekt: _____

_____

Dativobjekt: _____

Genitivobjekt: _____

2 **a.** Lies die folgenden Sätze.
   b. Kennzeichne die adverbialen Bestimmungen so: ～～.
   c. Ordne die adverbialen Bestimmungen unten richtig zu.

Timo und Sina gehen in ein Reisebüro. Dort finden sie interessante Prospekte

über Abenteuer-Camps. Die beiden sind wegen der großen Auswahl begeistert.

Nach einer halben Stunde nehmen sie einen ganzen Stapel Prospekte mit.

Zu Hause arbeiten sie das Material zwei Stunden lang gründlich durch.

Am nächsten Tag wollen sie der Klasse ausführlich von den Camps berichten.

adverbiale Bestimmung des Ortes: _____

adverbiale Bestimmung der Zeit: _____

_____

adverbiale Bestimmung des Grundes: _____

adverbiale Bestimmung der Art und Weise: _____

3 Bestimme in den folgenden Sätzen, ob es sich bei dem Nebensatz
um einen Subjektsatz (S) oder einen Objektsatz (O) handelt.
Trage die richtigen Buchstaben in die Kästchen ein.

Sina und Timo hoffen, dass sie die Klasse begeistern können. ☐

Dass sie sich gut informiert haben, gefällt den Mitschülern. ☐

/9 Punkte
/9 Punkte
/9 Punkte
/9 Punkte
/9 Punkte
/9 Punkte
/2 Punkte

Gesamt: ☐ /56 Punkte

Auswertung ► **Lösungsheft**

Sätze untersuchen

Die Satzreihe

Mit einer Satzreihe kann man Hauptsätze verbinden, die man als Einheit versteht.
Eine Satzreihe besteht aus mindestens zwei Hauptsätzen.
Die gebeugte Verbform steht an zweiter Stelle.
Konjunktionen wie **und, oder, aber, sondern, denn** verbinden Hauptsätze.
Vor den Konjunktionen steht ein Komma. Nur vor **und** und **oder** kann es fehlen.
Eine Betriebserkundung ist interessant, **denn** man lernt dabei verschiedene Berufe kennen.
      Hauptsatz   Hauptsatz

Die Klasse 7c plant eine Betriebserkundung.

1 **a.** Unterstreiche in den folgenden Sätzen die beiden Hauptsätze
    in unterschiedlichen Farben.
    b. Kreise jeweils die Konjunktion ein.

Klaus ruft in der Schlosserei an, aber er will nicht persönlich vorsprechen.

Sonja schlägt den Friseursalon vor, denn sie kennt den Chef persönlich.

2 **a.** Verbinde die folgenden Sätze durch **aber** oder **denn** miteinander.
    Schreibe die Sätze auf.
    Achte auf die Kommasetzung.
    b. Kreise jeweils die Konjunktion ein und
    unterstreiche die gebeugten Verbformen.

Sophia will Sonja begleiten, **?** sie möchte Friseurin werden.

Hektor will in eine Gärtnerei, **?** er interessiert sich auch für eine Baumschule.

3 **a.** Verknüpfe die folgenden Sätze durch **aber, denn** oder **sondern** miteinander.
    Schreibe die Sätze in deinem Heft auf.
    Achte auf die Kommasetzung.
    b. Kreise jeweils die Konjunktion ein und unterstreiche die gebeugten Verbformen.

Chiara interessiert sich nicht für große Firmen. Sie sucht einen kleinen Betrieb.
Marlene freut sich. Sie hat die Zusage einer Kfz-Werkstatt erhalten.
Umut hat keine Idee. Er könnte im Betrieb seines Vaters nachfragen.

Satzgefüge verwenden

Nebensätze mit weil

Die Konjunktion **weil** leitet eine Begründung ein.

> Ich möchte gern eine Tischlerei besuchen,
> weil ich mich für die Arbeit mit Holz interessiere.

Karim

1 Warum möchte Karim bei der Betriebserkundung eine Tischlerei besuchen?
  a. Markiere in der Sprechblase den Nebensatz mit **weil**.
  b. An welcher Stelle steht die gebeugte Verbform im Nebensatz? Unterstreiche sie.
  c. Kreise **weil** ein und markiere das Komma.

2 Wie begründen die Schülerinnen und Schüler ihre Wünsche für die Betriebserkundung?
  a. Verbinde den Hauptsatz mit dem passenden Nebensatz mit **weil**.
  b. Schreibe die vollständigen Sätze auf.
  c. Unterstreiche im Nebensatz jeweils die gebeugte Verbform.
  d. Kreise **weil** ein und markiere die Kommas.

Ich möchte einen Bootsbauer besuchen,	weil uns der Bäderbereich interessiert.
Wir schlagen das Kurhotel vor,	weil ich dort das Labor spannend finde.
Ich wünsche mir einen Besuch der Molkerei,	weil ich handwerklich geschickt bin.

Ich möchte einen Bootsbauer besuchen,  *weil ich* _____

_____

_____

_____

3 Warum ist Nuria gegen eine Betriebserkundung?
Bilde Sätze mit **weil** und schreibe sie in deinem Heft auf.

> Die meisten Betriebe sind zu weit weg.
> Ich will sowieso Schornsteinfegerin werden.

Nuria

Nebensätze mit wenn

Die Konjunktion wenn leitet eine Bedingung ein.

Wir erkunden einen Betrieb,
wenn wir uns auf ein Ziel einigen.

⊙ **1** Unter welcher Bedingung macht die 7c eine Betriebserkundung?
   a. Markiere in der Sprechblase die Bedingung, also den Nebensatz mit **wenn**.
   b. An welcher Stelle steht die gebeugte Verbform im Nebensatz? Unterstreiche sie.
   c. Kreise **wenn** ein und markiere das Komma.

Die Schülerinnen und Schüler beraten miteinander.

2 **a.** Verbinde den Nebensatz mit **wenn** mit dem passenden Hauptsatz.
   b. Schreibe die vollständigen Sätze auf. Achte auf die Kommasetzung.
   c. Unterstreiche im Nebensatz jeweils die gebeugte Verbform.
   d. Kreise **wenn** ein und markiere das Komma.

Wenn der Betrieb in unserer Nähe ist,   sind die Termine noch nicht ausgebucht.

Wenn wir die Vorschläge sortieren,   können wir ihn leicht erreichen.

Wenn wir uns frühzeitig melden,   befragen wir sie zu ihren Erfahrungen.

Wenn die Klasse 8a zustimmt,   bekommen wir einen besseren Überblick.

Wenn der _____

_____

_____

_____

_____

3 **a.** Stelle zwei Sätze aus Aufgabe 2 um, sodass der Hauptsatz an erster und
   der Nebensatz an zweiter Stelle steht.
   b. Schreibe die Sätze in deinem Heft auf. Achte auf die Kommasetzung.
   c. Kreise im Nebensatz jeweils **wenn** ein und unterstreiche die gebeugte Verbform.

● **4** **a.** Verbinde die folgenden Sätze durch **wenn** miteinander.
   Schreibe die Sätze in deinem Heft auf. Achte auf die Kommasetzung.
   b. Kreise im Nebensatz jeweils die Konjunktion ein und
   unterstreiche die gebeugte Verbform.

Die Betriebserkundung findet statt. Ein passender Betrieb ist gefunden.
Die Jugendlichen besuchen den Betrieb. Sie lernen verschiedene Berufe kennen.

Nebensätze mit dass

Auch **dass** ist eine Konjunktion.
Sie verbindet einen Hauptsatz mit einem Nebensatz.

1 Was erzählt der Steinmetz bei der Betriebserkundung über seinen Beruf?
   a. Verbinde den Hauptsatz mit dem passenden Nebensatz mit **dass**.
   b. Schreibe die vollständigen Sätze auf.
      Achte auf die Kommasetzung.
   c. Unterstreiche im Nebensatz jeweils die gebeugte Verbform.
   d. Kreise **dass** ein und markiere die Kommas.

Es ist wichtig,   dass wir Brunnen und Treppen herstellen.

Ihr seht hier,   dass man handwerklich genau arbeitet.

Es freut mich,   dass der Beruf zu den ältesten der Welt gehört.

Viele wissen nicht,   dass ihr viel Interesse an diesem Beruf habt.

Es ist wichtig, *dass* *man* _____

_____

_____

_____

_____

2 Was hat Tido bei der Betriebserkundung gelernt?
   a. Verbinde die folgenden Sätze durch **dass** miteinander.
      Schreibe die Sätze auf. Achte auf die Kommasetzung.
   b. Kreise im Nebensatz jeweils die Konjunktion ein und
      unterstreiche die gebeugte Verbform.

Ich habe gelernt. Die Ausbildung dauert drei Jahre.

Es gefällt mir. Ein Steinmetz arbeitet mit Maschinen und mit der Hand.

Ich freue mich darüber. Ich durfte selbst einen kleinen Stein bearbeiten.

Ich bin überrascht. Dieser alte Beruf ist so unbekannt.

Ich habe gelernt, *dass* *die Ausbildung drei Jahre dauert.*

Es gefällt mir, _____

_____

_____

_____

_____

Nebensätze mit Relativpronomen

Ein Nebensatz mit dem Relativpronomen der, das, die oder die (Relativsatz) erklärt ein Nomen im Hauptsatz genauer.

1 Welche Gegenstände siehst du auf den Bildern?
Schreibe die Nummern der folgenden Wortgruppen zu den Gegenständen.

ein Laptop, der weiß ist   1   ein Headset, das blau ist   2

eine CD-Box, die grün ist   3   ein Laptop, der schwarz ist   4

ein Headset, das weiß ist   5   eine CD-Box, die gelb ist   6

2 Welche Gegenstände gehören Ilonka?
Welche Gegenstände gehören Alex?
  a. Schreibe Sätze mit Hilfe der Wortgruppen aus Aufgabe 1 auf.
  b. Verbinde die Relativpronomen und die zugehörigen Nomen in den Sätzen durch Pfeile.
  c. Markiere die Kommas.

Ilonka gehört der Laptop, der weiß ist.

3 Erkläre das Nomen aus dem ersten Satz durch einen Relativsatz genauer.
Verwende dabei die Angaben aus dem zweiten Satz.
Schreibe das Satzgefüge auf.
Tipp: Die gebeugte Verbform steht im Relativsatz immer am Ende.

Mike will sein Handy ausprobieren. Das Handy ist ganz neu.
Er schreibt eine Kurznachricht an seinen Freund. Der Freund ist sein bester Kumpel.

Sätze verknüpfen

1 **a.** Verknüpfe jeweils zwei Sätze durch **denn** miteinander und schreibe sie auf.
   b. Markiere das Komma und unterstreiche die gebeugten Verbformen.

Die Betriebserkundung muss verschoben werden.	Irem will eine Frage stellen.
Der Chef unterbricht seinen Vortrag.	Der Meister ist krank.

/4 Punkte

2 **a.** Bilde Satzgefüge mit **weil** oder **wenn** und schreibe sie auf.
   b. Markiere das Komma und unterstreiche die gebeugte Verbform im Nebensatz.

Der Meister stimmt zu.	Die Betriebserkundung hat mir gut gefallen.
Ich möchte Friseurin werden.	Ich will in der Werkstatt ein Praktikum machen.

/4 Punkte

3 **a.** Verknüpfe die Sätze jeweils durch **dass** miteinander und schreibe sie auf.
   b. Markiere das Komma und unterstreiche die gebeugte Verbform im Nebensatz.

Der Klassenlehrer freut sich. Die Klasse verhält sich vorbildlich.
Der Klassenlehrer bedankt sich. Der Meister hat alles gut erklärt.

/4 Punkte

4 **a.** Verknüpfe die Sätze jeweils mit einem Relativpronomen miteinander.
   b. Markiere das Komma und unterstreiche die gebeugte Verbform im Nebensatz.
   c. Kreise jeweils das Relativpronomen ein und verbinde es
      mit dem zugehörigen Nomen.

Ich räume die Regale ein. Sie reichen bis zur Decke.
Es gibt ein Ordnungssystem. Es ist kompliziert.

/6 Punkte

Gesamt: / 18 Punkte

Auswertung ▶ **Lösungsheft**

Das Arbeitsheft wurde erarbeitet auf der Grundlage der Ausgaben von Christa Knirsch, Renate Krull, Silke Müller (Herausgeberinnen) und Werner Bentin, Martin Plieninger, Torsten Zander (Herausgeber) sowie von Grit Adam, Angela Adhikari, Esther Backes, Werner Bentin, Julia Beyer, Susanne Bonora, Kathleen Breitkopf, Marion Clausen, Ulrich Deters, Simone Drews, Susanne El-Gindi, Piroska Evenburg, Martin Felber, Filiz Feustel, Bettina Gold, Diana Grünkorn, Sandra Heidmann-Weiß, Dirk Hergesell, Svea Hummelsheim, Renate Krull, Sylvelin Leipold, Angela Lieser, Petra Maier-Hundhammer, Sarah Marin Bendana, Silke Müller, Martina Panzer, Katrin Placzek, Heidi Pohlmann, Silke Quast, Christine Roock, Werner Roose, Jutta Schindler, Matthias Scholz, Rainer Schremb, Judith Schürmer, Gerda Steininger, Gila Tautz, Isabel Tebarth, Renate Teepe, Stephan Theuer, Eva Thürer, Melinda Widmann, Britta Wurst, Torsten Zander.

Redaktion: Barbara Holzwarth, Gröbenzell/München
Umschlaggestaltung: Buchgestaltung +, Berlin
Umschlagillustration: Natascha Römer, Römer & Osadtschij GbR, Schwäbisch Gmünd
Layoutkonzept: Wladimir Perlin (MeGA 14), Berlin
Technische Umsetzung: L 101 Mediengestaltung, Fürstenwalde

Textquellen
S. 5 f.: Thomas, Volker, Presse & PR, Agentur für Text und Gestaltung: Der Luchs in Deutschland – Eine bedrohte Tierart. Originalbeitrag; **S. 9:** Die Gefährdung heimischer Säugetierarten in Bayern 2017. Informationen nach: Rote Liste und kommentierte Gesamtartenliste der Säugetiere (Mammalia) Bayerns, Herausgeber: Bayerisches Landesamt für Umwelt (LfU), Dezember 2017; **S. 12 f.: Löschke, Sina:** Zug um Zug. Wie die Menschen schwimmen lernten*. Aus: GEOlino Nr. 8, 2007, © GEO 2007, Gruner + Jahr, Hamburg; **S. 32 f.: Maar, Paul:** In der neuen Klasse*. Aus: Robert und Trebor. Oetinger Verlag, Hamburg 1985; **S. 36: Fröhlich, Pea:** Der Busfahrer. Aus: Zwei Frauen auf dem Weg zum Bäcker. Köln (DuMont Buchverlag) 1987, S. 42. Die mit * gekennzeichneten Texte wurden aus didaktischen Gründen gekürzt und/oder verändert.

Bildquellen
S. 5: Colourbox/Svehlik; S. 6 oben: stock.adobe.com/Pavel Parmenov; S. 6 unten: Mauritius Images/Alamy/CBpictures/Christian Beier; S. 10: stock.adobe.com/kaz; S. 12: Alamy/Mike P Shepherd; S. 13: stock.adobe.com/yanlev; S. 17: stock.adobe.com/Johann Frank; S. 40: Panther Media GmbH/U Pixel; S. 42: stock.adobe.com/FSEID; S. 46: stock.adobe.com/khumthong; S. 47: www.coulorbox.de; S. 48: stock.adobe.com/Robert Kneschke; S. 50: stock.adobe.com/Lisa F. Young; S. 51: stock.adobe.com/Fotolyse; S. 52: stock.adobe.com/Zhenia Vyazankina; S. 53: stock.adobe.com/imaginando; S. 56: Shutterstock.com/Michael Rosskothen; S. 60: stock.adobe.com/Gerhard Seybert; S. 64: stock.adobe.com/CSschmuck; S. 66: stock.adobe.com/Thomas Nattermann; S. 73: stock.adobe.com/Monkey Business; S. 80 oben: Imago Sportfotodienst GmbH/Ferdi Hartung; S. 80 unten: Imago Sportfotodienst GmbH/HJS; S. 90: Imago Stock & People GmbH/imagebroker; S. 93: stock.adobe.com/josephotographie.de

Illustrationen
Sylvia Graupner, Annaberg-Buchholz: S. 33, 35, 36, 38; **Carsten Märtin,** Oldenburg: S. 40 oben, 42, 44, 45 oben, 47, 58; **Dorina Tessmann,** Berlin: S. 22, 24; **Rüdiger Trebels,** Düsseldorf: S. 18–19, 28, 45 Mitte, 54–55, 68–72, 75, 78, 82, 84, 86, 88, 91–92, 94

weitere Bestandteile für Schüler zu Doppel-Klick 7R:
Schülerbuch 978-3-06-062815-5
Schülerbuch als E-Book 978-3-06-060694-5
Interaktive Übungen 978-3-06-062071-5

www.cornelsen.de

Druck: Athesiadruck GmbH, Bozen

Ausgabe ohne interaktive Übungen
1. Auflage, 3. Druck 2023
ISBN 978-3-06-062821-6

Ausgabe mit interaktiven Übungen
1. Auflage, 3. Druck 2024
ISBN 978-3-06-062063-0

PEFC-zertifiziert
Dieses Produkt stammt aus nachhaltig bewirtschafteten Wäldern und kontrollierten Quellen
PEFC/18-31-166   www.pefc.de